Friedrich Gottlob Leonhardi

Allgemeine theoretischpraktische Stadt- und Landwirtschaftskunde

Friedrich Gottlob Leonhardi

Allgemeine theoretischpraktische Stadt- und Landwirtschaftskunde

ISBN/EAN: 9783744676724

Hergestellt in Europa, USA, Kanada, Australien, Japan

Cover: Foto ©ninafisch / pixelio.de

Weitere Bücher finden Sie auf **www.hansebooks.com**

Allgemeine theoretisch-praktische

Stadt- und Landwirthschaftskunde.

Herausgegeben
von
Friedrich Gottlob Leonhardi
der Weltweisheit Doctor.

Ersten Bandes
Drittes Stück.

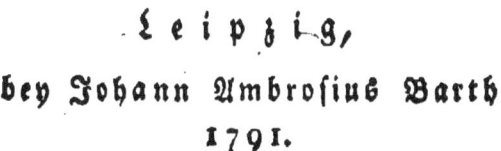

Leipzig,
bey Johann Ambrosius Barth
1791.

1. Beschreibung der Feldwirthschaft um Jena.

Um der Aufforderung verschiedener meiner ökonomischen Freunde zu einer Beschreibung des Ackerbaues und der Benutzung des Feldes um Jena endlich ein Gnüge zu thun, theile ich hier die Bemerkungen und Wahrnehmungen ganz ohne Schminke mit, welche ich während meines Aufenthalts in Jena über diesen Gegenstand gemacht habe. Da meine Hauptbeschäftigung bereits damahls war, und es immer seyn wird, Vorlesungen über die Landwirthschaft zu halten, so machte die Beobachtung der Jenaischen Ackerwirthschaft einen Hauptgegenstand meiner Beschäftigung aus, um meinen Zuhörern bey vorkommenden ähnlichen Fällen den Unterschied der verschiedenen Betreibung der Feldwirthschaft und die mannichfaltigen Einschränkungen in der Anwendung der allgemeinen theoretischen Regeln sowohl im flachen Lande, als auch in gebirgigen Gegenden desto gewissenhafter zeigen zu können.

Das ganze hiesige Gebirge, in dessen Kessel die Stadt Jena eingeschloßen liegt, ist größtentheils

Flötz- und Kalkgebirge und zeigt die genaueste Uebereinstimmung mit der übrigen Bergkette, welche sich durch ganz Thüringen erstreckt. Zu beyden Seiten der Saale, die hier in einem zwar engen, aber ganz angenehmen Thale vorbey fließt, steiget das Gebirge größtentheils steil an, und die Oberfläche der Berge hat nur eine ganz dünne von zwey Zoll bis höchstens ein und einen halben Fuß nach und nach aufgeflogene lockere größtentheils aus Sand bestehende Dammerde, auf welcher nur wenig gemeine Grasarten, verschiedene Moose und Heidekraut sparsam wachsen. Man mag von Jena aus nach einer Gegend zu reisen wohin man nur will, so wird man in einer Entfernung von zwey, drey, sechs und mehrern Meilen immer dieselben Flötz- und Kalkberge antreffen.

Der unterste sichtbare Flötz der Berge in dem Kessel um Jena ist Sand, und auf der Westseite der Saale z. B. an dem **Apoldischen Steiger**, dem Landgraf und Jägerberge ist er etwas mit Thon vermischt. Der Sand ist ziemlich grob, grünlich, weiß, dunkelroth, abwechselnd marmorirt und fast durchaus mit Kalktheilen vermischt, und der Jenaische Sandstein ist außerordentlich mürbe, so daß er nur im Nothfall zu Mauersteinen gebraucht werden kann.

Auf dem Sande liegt ein Gypsflötz von einem halben bis zu drey Zoll starken Lagen, und besteht aus weißen, grauen, gelblichen und röthlichen Strahlgyps, grauen, gelblichen und rothen Gyps-
spath,

spath, dünnen grünlich grauen Schiefern, die auf dem Bruche glänzende Punkte und Spatschuppen haben, und endlich aus gemeinem Gypsstein und Alabaster in starken und dichten Lagen. Diese Gypsschicht findet sich vorzüglich am Gehnsig, Haus- oder Fuchsberge und am Johannisberge, die insgesammt auf der Ostseite der Saale liegen. Alles dieses wechselt auf eine so mannichfaltige und seltsame Art unter einander ab, daß es einem Mahler schon schwer genug werden sollte, sie genau zu zeichnen; und sie zu beschreiben, ist eine wahre Unmöglichkeit.

Die Richtung dieser Lagen kann man ebenfalls nicht ganz bestimmen, weil der Blindstein gewöhnlich wellenförmig, oben immer parallel, und sehr oft auch gar perpendikulär läuft, in welchem letztern Fall die Fasern schräg stehen.

Die Lagen selbst sind zuweilen abgebrochen, und werden durch schießlaufende Streifen durchschnitten, so daß sie an manchen Orten mehr einem Chaos von Trümmern, als von in Wasser gesenkten Erdtheilen und daraus entstandenen Erdschichten gleich sehen.

Auf den Gyps folgt ein braunrother Thon der mit einem grünlichen abwechselt. Der braunrothe ist der herrschende, greift sich, so bald er zu Tage gefördert wird, schlüpfrig und fett an, und ist an vielen Orten stark mit sehr feinem Sande vermischt. Er schiefert sich und läßt sich, wenn er einmahl hart geworden ist, kaum in etlichen Wochen wieder durch Wasser erweichen.

Dieser braunrothe Thon macht sowohl in der Mitte des Abhanges der Berge, als auch am Fuße derselben den größten Theil der hiesigen Ackererde aus. Er führt eigentlich gar keinen Kalk, allein auf der Oberfläche, wo er gewöhnlich in ganz kleinen Brocken zerfallen ist und sich zwischen den Fingern zerreiben läßt, braußt er durch die von den Gipfeln der Berge abgeschwemmten Kalktheile mit Scheidewasser auf. Diese Thonlage ist von sehr verschiedener Mächtigkeit und findet sich an allen Bergen des ganzen Saalthals, welche dadurch das Ansehen bekommen haben, als wären sie mit einem braunrothen Streife bemahlt.

Der Gipfel der Berge um Jena herum ist ein aus verschiedenen abwechselnden starken und schwachen Kalklagen bestehender Kalkflötz, in welchem sich eine Menge Versteinerungen befinden, sie liegen fast durchaus ganz horizontal und nur an wenig Orten in einer schiefen Richtung, welche theils durch Erdfälle, theils aber auch dadurch kann bewirkt worden seyn, daß durch die Witterung die bröflichten dünnen Kalkschiefer nach und nach zerfallen und alsdenn durch die Wassergüsse in die Tiefe geführt worden sind, wodurch die Kalklagen ihre Stütze verloren haben. Daß dies nicht bloße Muthmaßung ist, beweißt das jährliche Herabschwemmen einer Menge solcher kleinen verwitterten Kalksteine.

Der Rücken der meisten Berge, so wie auch ihr Abhang bis ins Saalthal besteht aus Ackerfeld, wo

1. Beschreibung der Feldwirthschaft um Jena.

von ein großer Theil mit Esparsette besäet ist, aus Obstbaumgärten und aus Weinbergen, wovon die meisten aber eingegangen sind, und an der Ostseite des Hausberges hat man vor einigen und zwanzig Jahren Fichten und Kiefern angepflanzt, die aber kaum die Höhe von 6 Fuß erreicht haben. Vom bessern Wuchse ist das auf dem Rücken des **Apoldischen Steigers** westwärts der Saale angepflanzte Kiefernwäldchen, und zu den fruchtbarsten Bergen gehört der **Göttersche Berg**, an dessen Fuße die Dörfer Lichtenhayn, Ammerbach, Göttern, Sinterstädt, nebst dem Städtchen Magdala liegen.

Er ist nicht so steil und seine äußere Beschaffenheit nicht so rauh als der übrigen Berge um Jena, bey alledem aber noch immer steinicht und wild genug. Fast der ganze Abhang wird als Ackerland benutzt und bringt trotz der Menge Steine, welche Regengüße auf dasselbe herabschwemmen doch ganz gute Erndten. Auf der Seite nach Lichtenhayn und Jena zu hat er zwar weniger Ackerland aber desto mehr Gärten und Obstbäume, und gegen Ammerbach hin, der steilsten und wildesten Seite, ist er mit Fichten und Kiefern angeflogen, und der Rücken mit einer ansehnlichen aus dergleichen Bäumen bestehenden Waldung, der Forst genannt, besetzt.

Die Aecker sind größtentheils rothtonicht. Der Thon wird theils zu Ziegelbrennereyen, theils für die Töpfer gegraben, welche letztern jedoch mehr den weißen und gelblich weißen Thon aufsuchen. Das

Dach von diesen Thongruben besteht aus sehr grobkörnigen mit Kalk und Thontheilen vermischtem Sande, worinnen eine Menge großer ganz und halb durchsichtiger Quarzkörner befindlich sind.

Der Tatzend oder Forstberg wird von der Südseite durch ein sehr enges Thal vom Götterschen Berge und auf der Nordseite durch das Mühlthal von den Sonnenbergen und dem Apoldischen Steiger geschieden. Man übersieht von demselben das ganze Jenaische Thal und die Saale mit allen ihren Krümmungen. Er ist bis an die Hälfte mit Feldern und Gärten angebauet, von hier an aber bis auf den Gipfel ist er ganz kahl und steil, und oben darauf ist Waldung und ein Kalksteinbruch.

Der Ketzschauer Steiger liegt bis auf den Rücken größtentheils unbebaut, da hingegen sein Rücken, der sich unbemerkt in kleinern Hügeln gegen Weimar und die umliegende Gegend nach dem Ilmthale zu herabsenkt, ist ganz mit fruchtbaren Aeckern bedeckt. Das Mühlthal, in welchem die Leutra fließt und die Straße nach Weimar durchgehet, ist eine von den rauhesten und fürchterlichsten Gegenden um Jena. Dieses enge Thal ist auf beyden Seiten und besonders auf der Nordostseite von den steilsten, vom Wasser zerrissenen und ganz unfruchtbaren Bergen eingeschlossen.

Der an und für sich kleine wilde Leutrabach setzt oft die Reisenden bey starken Gewittern und Regengüssen in Lebensgefahr, wenn sie sich zur Zeit der Gewit-

1. Beschreibung der Feldwirthschaft um Jena.

Gewitter und Regengüsse gerade in demselben befinden, und von dem auf allen Seiten herabstürzenden Wasser ereilet werden. Denn in weniger als einer Stunde Zeit schwillt dieser kleine Bach, durch welchen man sonst trocknes Fußes gehen kann, Ellenhoch an, überschwemmt das ganze Thal und die häufigen mit dem Wasser herabstürzenden kleinen Steine zerreissen das Bette des Bachs und den Fahrweg dergestalt, daß man nach abgelaufenem Wasser von beyden selten eine Spur mehr findet. Dieser Umstand nöthigt sehr oft die Reisenden, entweder in Jena oder in Ketzschau so lange zu verweilen, bis sich das Wasser wiederum verlaufen hat, welches meistentheils binnen zweymahl vier und zwanzig Stunden geschiehet, wenn nicht anhaltender Regen die Ueberschwemmung unterhält. Dies ist eine Ursache, weswegen diese Straße weniger befahren wird, als es sonst wegen der angenehmen Gegend, die der Reisende von Naumburg aus bis Jena genießt, und der Fahrstraße geschehen würde. Diesem Uebel könnte wahrscheinlich mit nicht allzugroßen Kosten dadurch abgeholfen werden, wenn man an dem Abhange der Berge eine Landstraße terrassirte. Wie dies am leichtesten geschehen könnte, will ich zu einer andern Zeit mittheilen, weil es mich sonst zu weit von meinem Zweck entfernte.

Der auf der Nordostseite des Mühlthals liegende Apoldische Steiger und der Landgraf sind beyde sehr rauh, steinicht und kahl und nur zur Hälfte an einigen Orten mit Weinbergen und Aeckern mittelmäßig

mäßig bebaut. Der Landgraf endigt sich in dem sogenannten Rauhthale und der **Steiger** fast am Ende des Mühlthals, in welchem er den Nahmen der **Sonnenberge** bekommt. Auf dem Rücken dieser letztern, wo kaum einzelne Grashälmchen wachsen, hat der Oekonomie-Rath und außerordentliche Professor der Philosophie, Herr Stumpf, die vierzig Acker von der Stadtcommun angewiesen erhalten, um daselbst Versuche anzustellen, die aber zur Zeit nur in einer Erndte von Hafer und einigen andern Sommerfrüchten bestanden haben. Ich würde hier, als am schicklichen Orte, sogleich die Art und Weise der ganz gewöhnlichen Urbarmachung dieser Leede mittheilen, da aber der Herr Oekonomie-Rath **Stumpf**, der diese Aecker wegen entstandenen Irrungen ꝛc. wahrscheinlich wieder abgeben wird, dies selbst nach der ersten Erndte zu thun versprochen hat, so will ich dessen Beschreibung nicht zuvor kommen, um allen Widerspruch zu vermeiden.

Weiterhin, nach dem Dorfe Kospoda zu, haben die **Sonnenberge** sowohl als auch der Landgraf artbares Ackerland. Von gleicher Beschaffenheit sind alle übrigen Berge.

Aus dieser Schilderung wird man sogleich ersehen, daß die ganze zu Aeckern, Wiesen, Gärten und Weinbergen bestimmte Oberfläche theils aus weißen, grünlich gelben und braungelben Mergelerden, theils aus weißen, gelben, spröden, rothen und bisweilen auch blauen, wie auch grünlich und

dunkel-

dunkelroth marmorirten Thonerden, theils aus gewöhnlicher, vermischter Ackererde oder Dammerde bestehet.

Aus der Lage der sämmtlichen hiesigen Felder folgt ferner, daß die hiesige Ackerbestellung weit beschwerlicher, als in andern gebirgichten Gegenden ist. Wegen der engen Hohlwege und des steilen Ansteigens der Berge bedient man sich hier sowohl zum Mist- als Getreidefahren einspännige Gabel-Karren mit zwey Rädern, wo zum Mistfahren ein Schnellkasten zum Getreideeinfahren aber zwey Erndteleitern auf die Axe gestellet werden. Bey alle dem aber muß noch auf viele Felder der Mist vollends in Butten getragen werden, weil es auch mit dem Karren zu beschwerlich ist hinanzufahren.

Zum Ackern braucht man den gewöhnlichen thüringischen Pflug, die im ganzen genommen dem vom verstorbenen Landdrost von Münchhausen beschriebenen Calenbergischen Pfluge größtentheils gleichkommt, nur etwas stärker gebaut ist. Man pflügt gewöhnlich einspännig entweder mit einem Ochsen, die hier von vorzüglicher Größe und Stärke sind, oder auch mit einem Pferde.

Nur selten bekommt der Acker vier Arten, so daß man das erste und drittemahl auseinander, das zweyte und viertemahl aber zusammenpflügt; gemeiniglich ackert man nur dreymahl, das erstemahl so wie zur Saat zusammen, das zweytemahl aber auseinander.

Die

1. Beschreibung der Feldwirthschaft um Jena.

Die Düngung besteht durchgehends aus Mist von Rindvieh, Pferden und Schaafen, ohne daß man bey der Anwendung desselben genaue Rücksicht auf den Boden nimmt.

Besonders auffallend ist dieser Fehler der Düngeranwendung bey dem rothen thonichten Boden, der den Mist im ersten Jahre fast ganz verzehrt, und dennoch nicht lockerer wird. Dieser Boden könnte aber bey dem in hiesiger Gegend befindlichen großen Vorrath von Kalksteinen mit leichter Mühe nach und nach gänzlich verbessert und locker gemacht werden, wenn die hiesigen Besitzer solcher roththonichten Aecker sich der Kalkdüngung bedienen wollten, weil es eine von den Haupteigenschaften des Kalks ist, daß er den kalten Thonboden erwärmt, lockerer und zur Nahrung der Pflanzen geschickter macht.

Dieser roththonichte Boden, wo das tiefe Ackern gegen die allgemeine Regel jedesmahl schädliche Folgen zeigt, ist nach lang erprobter Erfahrung geschickter Winterfrüchte als Sommerfrüchte zu tragen. Ist es aber dennoch der gemachten Ackervertheilung wegen nöthig, ihn mit Sommerfrüchten zu bestellen, so muß jeder Besitzer dieser roththonichten Aecker im Frühjahr sobald als möglich zusäen, damit er das Saamenkorn noch in die Winterfeuchtigkeit bringt. Denn sobald diese ausgedünstet ist, so wird der Acker fest und es ist unmöglich, ihn durch den Pflug, Egge und Walze so locker und milde zu arbeiten, daß das Saamenkorn gut aufgehen und leicht Wurzel schlagen könnte.

könnte. Am wenigsten darf ein hiesiger Feldbesitzer dergleichen Acker bestellen, wenn starke Regengüsse gefallen sind, denn diese schlagen ihn so fest wie eine Tenne, so daß er bey dem Ackern lauter Schollen bekommt, die trotz alles Eggens ganz bleiben und das Aufgehen des Saamens verhindern. Ueberhaupt verlangt dieser Boden eine sehr dicke Einsaat. Noch weniger tragbar ist dieser roththonige Acker, wenn dicht unter der Oberfläche Letten liegt, denn hier wird der Dünger noch mehr aufgezehrt und das folgende Jahr giebt bey der zweyten Frucht gemeiniglich sehr schlechte Erndten. Dies ist besonders der Fall, wenn ein solcher Acker an der Winterseite liegt.

Am besten und vortheilhaftesten werden diese Felder benutzt, wenn man sie mit Esparsette zur Viehfutterung besäet, weil es den hiesigen Stadtwirthen größtentheils an Gräsereyen fehlt; nur müssen in den beyden ersten Jahren keine zu harte oder nasse Winter einfallen.

Weit ergiebiger und auch leichter zu bearbeiten ist der hiesige Leimboden, der entweder rein oder auch mit Sand und aufgelösten Kalktheilen vermischt angetroffen wird. In dergleichen Boden gedeihen nicht nur alle Getraidearten, sondern auch die zartesten Küchengewächse. Unter diesen ist der Meerrettig, der auf den Aeckern vor dem Erfurther Thore gegen die Oehlmühle zu gebauet wird, sehr berühmt, und ehedem trieb man einen sehr starken Handel damit nach England, Holland und Rußland.

Zu Sommerfrüchten, z. B. Gerste, Erbsen, Wicken, Linsen u. s. w. ist der mit Kalktheilen, welche man hier kalkichten Kieß nennt, vermischte Leimboden vorzüglich geschickt. Der hiesige Landwirth bekommt auch durch seine Gersten, Erbsen und Wickensaat in mittelmäßigen Jahren bey wenigerer Arbeit und Zeitverlust eben so viel Gewinn, als von der Weitzen und Kornsaat, und bey guten Jahren übersteigt der Ertrag von Sommerfrüchten den von Winterfrüchten, weil jene nur wenig Mist und öfters bloß reine Braache brauchen, da diese stark gedüngt werden müssen, und weil Erbsen, Wicken ꝛc. nur höchstens zwey und dreyßig Wochen, Korn und Weitzen aber etliche vierzig Wochen zum Wachsthum nöthig haben, mithin letztere in zwey Jahren nur eine Erndte, erstere hingegen jährlich eine Erndte liefern, und endlich weil der Scheffel Erbsen hier dem Weitzen und der Scheffel Wicken dem Korne gleich bezahlt wird. Allein Klee, Esparsette und Lucerne darf man auf dergleichen Aecker nicht säen, weil die vielen kleinen Kalksteine das Abmähen sehr beschwerlich machen und die Wurzeln dieser Graspflanzen auch nicht tief genug in den Böden eindringen können, daher ihnen bey lang anhaltender Dürre die zum Wachsthum nöthige Feuchtigkeit fehlt. Uebrigens kann dieser vermischte Boden zu jeder Zeit und bey jeder Witterung bestellt werden, ohne daß man fürchten darf, Klöße und Schollen zu bekommen.

Dasjenige Ackerland, wovon ich nunmehr die Eintheilung nebst einer zwölfjährigen Einsaat- und Erndte

1. Beschreibung der Feldwirthschaft um Jena.

Erndte mittheilen will, besteht aus zwey und zwanzig Ackern jeden zu zweyhundert und zehen ☐ Ruthen à 16 Fuß gerechnet und ist in vier gleiche Theile getheilt, die wegen des darauf haftenden Gartenrechts ohne alle Einschränkung benutzt werden können.

Der Besitzer Herr Hofadv. H** hat die obengenannten zwey und zwanzig Acker, wovon ein Theil roththonichter Boden ein anderer Lehmboden und ein dritter mit Kalksteinen vermischter Boden ist, in vier gleiche Theile à $5\frac{1}{2}$ Acker dergestalt vertheilet, daß zu guten Aeckern auch ein verhältnißmäßiger Theil der schlechten Felder geschlagen worden ist. Von diesen vier Theilen werden jährlich dreye mit Früchten bestellt, ein Viertheil davon hingegen ist zur Braache bestimmt. Von der letztern benutzt er die besten Stücke zur Sömmerung und fährt auf den Acker von 210 ☐ Ruthen 30 bis 40 einspännige Karren guten Dünger und bestellt sie mit Kartoffeln, Sommerrübsen, weißen Rüben, Erbsen und Wicken mit Hafer vermengt. Das letztere Gemenge säet er vorzüglich zur grünen Fütterung, und sowohl er selbst hat aus zwölfjähriger Erfahrung, als auch ich während eines Sommers wahrgenommen, daß die Melke-Kühe nach der Esparsette und Luzerne von keinem grünen Futter mehr Milch geben, als von diesem grünen mit $\frac{1}{4}$ Hafer vermengten Wickfutter. Die übrigen Aecker, welche er von den $5\frac{1}{2}$ Braachäckern nicht zur eben gedachten Sömmerung braucht, läßt er als reine Braache liegen, um sie zur künftigen Wintersaat zu benutzen.

Hierzu

1. Beschreibung der Feldwirthschaft um Jena.

Hierzu wird das Feld durch dreymahliges Ackern bestellt, jeder Acker mit 30 Karren Mist befahren, bestellt und darauf in der ersten Hälfte des Octobers spätestens Korn gesäet. Wenn der Dünger entweder zur ganzen Bedüngung der reinen Braache nicht zulangt, oder zu beschwerlich auf das Feld zu schaffen ist, oder endlich nach seiner gemachten Erfahrung der hierzu nöthige Aufwand den Ertrag übersteigt, so werden diese übrig gebliebenen reinen Braachäcker im Herbst auseinander gefahren und im nächsten Frühjahr zeitig ohne Dünger mit Erbsen und Linsen bestellt.

In Ansehung der gedüngten und mit Kartoffeln, Sommerrübsen u. s. w. bestellt gewesenen Braachäcker hat er nach seiner Erfahrung am besten befunden, sie sehr zeitig im folgenden Frühjahr, wenn es die Witterung erlaubt, im Anfange des Merz mit Gerste zu bestellen. Denn dergleichen frühgesäete Gerste lagert sich weniger und wird ihm, weil er sie zeitig einernden kann, in dortiger Gegend bey den starken Bierbrauereyen, fast dem Korne gleich bezahlt.

Nach vollendeter Erndte werden diese 5½ Aecker auf folgende Weise bearbeitet. Sämmtliche Stoppeln werden sogleich nach der Erndte gewendet, welches man hier die Fälge oder eine flache Art geben nennt. Erlaubt es die Witterung, so wird diese Fälge im Herbst noch einmahl mit dem Pfluge bearbeitet, welches man hier ruhren nennt. Dieses Ruhren muß etwas tiefer geschehen als das Fälgen, aber immer mit der Rücksicht, daß die Stoppeln in der

der Mitte liegen bleiben. Im dritten Jahre kommt denn auf diejenigen Felder, wo zuvor Gerste und Korn gestanden, noch einmahl Gerste hin, doch muß man bey der Fälge genau darauf Achtung gegeben haben, ob noch einige Düngung in dem Boden anzutreffen war, denn außerdem wird aus der Gerstenerndte wenig Ertrag zu hoffen seyn; wo aber Erbsen und Linsen gestanden haben, kommen Wicken und reiner Hafer hin, welcher den Beschluß der Nutzung macht.

Mit dieser Eintheilung, die er besser als in drey Arten hält, kommt er mit seinen Feldern alle 4 Jahr einmahl mit der Düngung durch, und hat sie unter diesen Umständen am vortheilhaftesten genutzt. Hierzu verlangt er aber, und das mit allem Recht, daß jeder Besitzer von dergleichen Feldgüthern keine drückenden Schulden, eine gute Viehzucht, eine Erndte auf dem Boden und eine auf dem Felde haben müsse, damit der Besitzer nicht genöthigt sey, mit Schaden zu verkaufen. Sucht es jeder dahin zu bringen, so kann er mit einer gleichen Anzahl Aecker auch bey einem mittelmäßigen Preise seine Vermögensumstände jährlich verbessern.

Man wird sich vielleicht wundern, daß dieser städtische Landwirth durchaus reine Braache liegen läßt, ohngeachtet seine Felder Gartenrecht haben, nach welchem er nicht nöthig hat, der Trift wegen Braache zu halten. Seine Gründe hiezu sind folgende: erstens hat er gefunden, daß bey nicht reiner Braache die Felder zu Winterfrüchten nicht gehörig haben bearbeitet werden können, und zweytens, daß der hier vorzüglich häufig wachsende Wildhafer, Windhafer oder Flughafer — avena fatua — dergleichen beständig mit Früchten bestellte Felder ganz überziehe. Dergleichen voller Wildhafer stehende Felder wären von gar keinem nützlichen Gebrauch zum Getraidebau, und man könne ihn auf keine andere Weise wieder rein bekommen, als wenn man ihn an Tagelöhner oder Koßäten zu Grabeland für Kraut, Kartoffeln ꝛc. um ein Drittheil oder höchstens um die Hälfte des Nutzens ausgäbe. Ueberhaupt kann man hier, auch bey der besten Bestellung, nur alle fünf Jahre eine gute und ergiebige Erndte erwarten, so daß bey unserer städtischen Feldwirthschaft kein Besitzer von weniger als 20 Acker bestehen kann, wenn er nicht noch daneben sein Gewerbe treibt; ein Umstand, den auch schon Hr. Nicolai in seiner Reisebeschreibung bey Jena bemerkt hat. Dies ist besonders der Fall, wenn die hiesigen Stadtwirthe nicht Acker genug zu einem Pferde oder Ochsen haben, da denn vollends aller zu hoffende Gewinn zur Unterhaltung des Zugviehs, des Knechts, Schiff und Geschirrs aufgehet.

Die Rindviehzucht ist in und um Jena herum nicht nur stärker, sondern auch einträglicher, wobey die Luzerne und sehr häufig angebaute Esparsette, die an Bergen vorzüglich gut gedeihet, die besten Dienste leistet. Die Schaafzucht befindet sich auch in gutem Zustande. Das Fleisch ist wohlschmeckend und fett und die Wolle ohne angewendete Veredlung

gut,

gut, wozu das an vielen kahlen Bergen wachsende kurze gesunde Gras das meiste beiträgt.

Außer der Mastung kann ein viehzuchttreibender Stadtwirth nur durch den Milchverkauf seine Kühe am höchsten nutzen, und bey alledem bleibt ihm, außer der Bestreitung seiner häuslichen Bedürfnisse, nach Abzug aller Aufwandskosten, kein eben zu großer reiner Gewinn übrig. Wählt ein solcher nun das Butter und Käse machen, so ist allemahl baarer Verlust, weil zu einem halben Pfunde Butter $1\frac{1}{4}$ Kanne Rohm oder Sahne und zu einem gewöhnlichen Quargkäse drey Kannen Milch nöthig sind.

Nichts ist gewisser, als daß die Betreibung der Feldwirthschaft und der Viehzucht in den meisten Städten eher nachtheilig als vortheilhaft ist, wenn dies nicht gerade ihre Hauptnahrungszweige sind. Denn die wenigsten, die bey und in den Vorstädten liegenden Vorwerke ausgenommen, haben mehr als einige Acker Feld, die daher mehr Kostenaufwand erfordern, als sie Ertrag zu bringen im Stande sind. Ein solcher feldbesitzender Bürger muß nicht nur alle Arbeit um das Tagelohn machen lassen, welches bei wenig Ackern noch das klügste ist, wozu das Geld seinem eigentlichen Gewerbe entzogen wird, sondern er versäumt noch obendrein manche Stunde Zeit, welche er bei seinem Handwerke nützlicher verwenden könnte.

Von den 22 Ackern hat der Besitzer, Herr Hofadv. H * * in den verzeichneten Jahren bey oben beschriebener Bearbeitung und Eintheilung folgende Erndte, mit Ausschluß der zu Kraut, Rüben ꝛc. benutzten Aecker, gehabt:

1777.

	Einsaat.	Erndte.			Ausdrusch.
Korn	$1\frac{6}{8}$ Schfl.	6 Schck.	3 Mdl.	4 Garb.	9 Schfl. *)
Waitzen	2 —	5 —	1 —	1 —	$5\frac{3}{8}$ —
Gerste	5 —	11 —	3 —	6 —	$25\frac{1}{2}$ —
Hafer	$3\frac{1}{2}$ —	6 —	3 —	9 —	$13\frac{1}{2}$ —
Erbsen	$\frac{7}{8}$ —	8 —	2 —	3 —	$9\frac{4}{8}$ —
Linsen	$\frac{1}{8}$ —	— —	2 —	13 —	$\frac{6}{8}$ —

1778.

Korn	$3\frac{7}{8}$ —	8 —	2 —	6 —	$10\frac{3}{8}$ —
Waitzen	$\frac{2}{8}$ —	— —	3 —	— —	$1\frac{2}{8}$ —
Gerste	$3\frac{1}{2}$ —	7 —	2 —	14 —	$14\frac{3}{8}$ —
Hafer	$2\frac{1}{8}$ —	6 —	2 —	5 —	$20\frac{1}{2}$ —
Erbsen	$\frac{1}{2}$ —	2 —	2 —	1 —	$1\frac{1}{2}$ —

1779.

Korn	$2\frac{3}{8}$ —	9 —	1 —	4 —	$15\frac{2}{8}$ —
Waitzen	$\frac{1}{16}$ —	— —	1 —	4 —	$\frac{1}{2}$ —
Gerste	$8\frac{1}{2}$ —	17 —	— —	—	$36\frac{1}{8}$ —
Hafer	$2\frac{1}{8}$ —	7 —	2 —	2 —	$17\frac{6}{8}$ —
Erbsen	$\frac{7}{8}$ —	5 —	1 —	2 —	4 —

1780.

Korn	$3\frac{6}{8}$ —	10 —	2 —	11 —	$24\frac{4}{8}$ —
Waitzen	$\frac{2}{8}$ —	— —	3 —	1 —	$\frac{6}{8}$ —
Gerste	$5\frac{2}{8}$ —	16 —	3 —	7 —	$42\frac{7}{8}$ —

Hafer

*) Zwey Jenaische Scheffel betragen drey Dresdner Scheffel ohngefähr.

	Einsaat.		Erndte.						Ausdrusch.	
Hafer	1	Schfl.	1	Schck.	2	Mdl.	8	Garb.	$4\frac{1}{2}$	Schfl.
Wicken	$\frac{5}{8}$	—	1	—	—		10	—	$\frac{7}{8}$	—
Erbsen	$\frac{7}{8}$	—	4	—	—		14	—	$2\frac{5}{8}$	—
Linsen	$\frac{1}{12}$	—	—		—		18	—	$\frac{2}{8}$	—
1781.										
Korn	$4\frac{2}{8}$	—	10	—	2		—	—	$14\frac{1}{8}$	—
Waitzen	—		—		—		—		—	
Gerste	$4\frac{1}{2}$	—	14	—	—		3	—	$46\frac{3}{8}$	—
Hafer	$\frac{1}{2}$	—	—	—	2		4	—	$\frac{6}{8}$	—
Wicken	$\frac{5}{8}$	—	2	—	1		7	—	$3\frac{2}{8}$	—
Erbsen	$1\frac{1}{8}$	—	2	—	2		—	—	$1\frac{1}{2}$	—
Linsen	$\frac{1}{16}$	—	—		—		19	—	$\frac{2}{8}$	—
1782.										
Korn	$\frac{6}{8}$	—	2	—	3		8	—	$1\frac{6}{8}$	—
Waitzen	—		—		—		—		—	
Gerste	8	—	12	—	3		7	—	$37\frac{1}{2}$	—
Hafer	$1\frac{1}{8}$	—	1	—	3		6	—	$4\frac{3}{8}$	—
Wicken	$1\frac{2}{8}$	—	5	—	1		—	—	$3\frac{2}{8}$	—
Erbsen	$\frac{2}{8}$	—	3	—	—		—	—	$3\frac{1}{8}$	—
Linsen	$\frac{1}{8}$	—	—	—	3		4	—	$\frac{5}{8}$	—
1783.										
Korn	1	—	3	—	2		9	—	$2\frac{7}{8}$	—
Waitzen	—		—		—		—		—	
Gerste	$4\frac{1}{2}$	—	16	—	3		4	—	$34\frac{1}{2}$	—
Hafer	$3\frac{2}{8}$	—	6	—	2		—	—	$11\frac{6}{8}$	—
Wicken	$1\frac{1}{2}$	—	5	—	—		2	—	$4\frac{7}{8}$	—
Erbsen	$\frac{5}{8}$	—	4	—	—		2	—	$2\frac{1}{8}$	—
Linsen	$\frac{1}{8}$	—	—	—	1		6	—	$\frac{1}{8}$	—

1. Beschreibung der Feldwirthschaft um Jena.

1784.

	Einsaat.	Erndte.	Ausdrusch.
Korn	1 Schfl.	2 Schck. 2 Mdl. 3 Garb.	4 2/8 Schfl.
Waitzen	—	— — —	—
Gerste	5 —	1 3 — 2 3	30 7/8 —
Hafer	3 2/8 —	1 — 2 2	6 1/8 —
Wicken	2 1/2 —	5 — 1 3	5 2/8 —
Erbsen	1 —	5 — 2 3	5 —
Linsen	1/8 —	— 2 2	3/8 —

1785.

Korn	1 —	2 — 2 5	5 —
Waitzen	—	— — —	—
Gerste	4 2/8 —	1 3 — 3 1 1	34 1/8 —
Hafer	2 1/2 —	3 — — 9	10 5/8 —
Wicken	1 6/8 —	1 0 — 2 3	1 2 1/8 —
Erbsen	1/2 —	3 — 3 4	2 1/8 —
Linsen	1/8 —	1 — — 9	1 1/8 —

1786.

Korn	6/8 —	1 — 3 1 2	3 1/2 —
Waitzen	—	— — —	—
Gerste	7 2/8 —	1 7 — 2 1 1	44 1/2 —
Hafer	1 2/8 —	2 — 2 1 0	6 —
Wicken	3 —	3 — 2 3	3 1/2 —
Erbsen	5/8 —	3 — 1 2	2 1/8 —
Linsen	3/8 —	1 — — 9	1 —

1787.

Korn	6/8 —	2 — 1 1 2	4 —
Waitzen	—	— — —	—
Gerste	7 3/8 —	2 3 — 1 —	46 5/8 —
Hafer	1 2/8 —	1 — 1 9	3 2/8 —

Wicken

	Einsaat.		Erndte.						Ausdrusch.	
Wicken	$3\frac{1}{2}$	Schfl.	11	Schck.	--	Mdl.	8	Garb.	$10\frac{3}{8}$	Schfl.
Erbsen	$\frac{5}{8}$	—	5	—	1	—	11	—	$3\frac{5}{8}$	—
Linsen	$\frac{1}{8}$	—	—	—	3	—	1	—	$\frac{1}{4}$	—
1788.										
Korn	1	—	4	—	3		13	—	$4\frac{3}{4}$	—
Waitzen	—		—		—		—		—	
Gerste	7	—	25	—	—		1	—	$22\frac{3}{8}$	—
Hafer	$1\frac{1}{6}$	—	1	—	3		14	—	4	—
Wicken	5	—	11	—	1		7	—	$6\frac{1}{2}$	—
Erbsen	$1\frac{3}{8}$	—	6	—	3		2	—	$3\frac{2}{8}$	—
Linsen	$\frac{3}{16}$	—	1	—	1		9	—	$\frac{6}{8}$	—
1789.										
Korn	$1\frac{2}{8}$	—	3	—	3		8	—	$3\frac{2}{8}$	—
Waitzen	—		—		—		—		—	
Gerste	$7\frac{1}{2}$	—	18	—	3		13	—	$21\frac{1}{2}$	—
Hafer	1	—	1	—	—		2	—	$\frac{6}{8}$	—
Wicken	3	—	9	—	2		8	—	$4\frac{3}{8}$	—
Erbsen	$1\frac{1}{8}$	—	8	—	1		2	—	$1\frac{6}{8}$	—
Linsen	$\frac{2}{8}$	—	1	—	3		—	—	$1\frac{1}{8}$	—

Wenn man dieses Verzeichniß genau durchgehet, und die verschiedenen Getraidearten in Ansehung ihres Ertrags gegen einander vergleichet, so findet man, daß die Gerste durchgehends den meisten Ertrag abgeworfen hat, und daß ein hiesiger städtischer Landwirth durch ihren Anbau den größten Gewinn sich verschaffen kann; er mag sie nun entweder selbst verbrauen, welches das beste ist, oder an andere Brauereyen verkaufen; am wenigsten ergiebig ist auf den meisten Feldern dieses Besitzers der Waitzen gewesen, deswegen er auch vom Jahre 1781 an den Anbau desselben aufgegeben und und mit dem Jahre 1780 dafür den Wickenbau angenommen hat. Wenn man bey den Wicken nicht immer eine reiche Erndte an Schocken und einen starken Ausbruch aufgezeichnet findet, so muß man bedenken, daß die Erndte und der Ausbruch jedesmahl von der Benutzung der gesäeten Wicken, als grüne Fütterung für seine Kühe und ein Pferd abhängt, je nachdem hierzu viel oder wenig verbraucht worden ist. Will man sich die Mühe geben und zu den jährlichen Unterhaltungskosten von 100 Rthlr. für das Pferd und den Knecht noch den übrigen Ackeraufwand für Schiff und Geschirr, für Düngung, Erndtelohn u. s. w. hinzufügen, so würde man finden, daß kaum 3 doppelt reiner Ertrag übrig bleibt.

Mehrern und sicherern Gewinn erhielt dieser städtische Landwirth aus der Viehbenutzung durch den Verkauf von Milch und Sahne, wie aus der Vergleichung der Unterhaltungskosten mit der Benutzung deutlich erhellen wird.

Die Unterhaltung einer Kuh kostet jährlich:
an Gerstenstroh 7 Schck. à 1 Thlr. 8 Gr.   7 Thlr. 8 Gr.
Ein Karren gutes Heu   —   4 —
Täglich einen Tragekorb oder 1½ Schfl.
  Spreu oder Siede à 1 Gr. 4 Pf.
  macht in 8 Monaten 224 Körbe zu 5 —
Wöchentlich 1½ Treber à 3 Gr. macht 6 — 12 —
Während der 4 Sommermonate täglich
  einen Schubkarn Klee, Luzerne u.
  Esparsette à 1 Gr. 6 Gr. macht 8 — 18 —

Das

Das Suchegraß an den Zäunen, Wie-
senrändern und Feldreinen nebst den
Krautblättern, Rüben und andern
Wurzelgewächsen wird als Abgang
der nicht zum Verkauf tauchte kei-
neswegs in Anschlag gebracht, so
daß die Unterhaltungskosten für eine
Kuh jährlich   —   3 3 Thl. 1 4 Gr.
und auf 4 Kühe   —   1 3 4 — 8 —
betragen, hierzu die Unterhaltungskosten für die Magd, wegen der
übrigen häuslichen Verrichtungen
nur zu   —   —   4 5 — 1 2 —
angeschlagen so beträgt die ganze
Summe der Unterhaltung   1 7 9 — 2 0 —
Die Benutzung war folgende:
Für 40 Karren Mist à 6 Gr. macht 1 0 —
Von jeder Kuh täglich 6 Maaß Milch
à 6 Pf. macht jährlich 45 Thlr.
1 5 Gr. mithin von 4 Kühen   1 8 2 — 1 2 —
Für 4 Kälber à 3 Thlr.   1 2 —
Macht im Ganzen   —   2 0 4 — 1 2 —
Zieht man nun die obige Aufwands-
Summe von   1 7 9 — 2 0 —
von der Nutzung ab, so blieben, die
Befriedigung der häuslichen Bedürfnisse ungerechnet   2 4 — 1 6 —
reiner Gewinn wovon noch ohnge-
fähr jährlich   —   4 — 1 6 —
zur Unterhaltung der Gefäße, Si-
cheln ꝛc. abgehen.

Die Fütterungsweise ist eben dieselbe wie ich sie S. 60 und 61 im ersten Bande der zweyten Auflage meiner Oekonomischen Briefe ꝛc. beschrieben habe, jedoch mit dem Unterschiede, daß hier weder Schroot noch Kleyen noch schwarzes Mehl noch die abgerahmte Milch mit zur Fütterung genommen wird; und ich freute mich nicht wenig, als ich bey meiner Ankunft in Jena dieselbe Fütterung vorfand. Da Sie von mir nur eine einfache Beschreibung der hiesigen städtischen Feldwirthschaft verlangten, so habe ich mich auch aller Anmerkungen über das Fehlerhafte und über die Verbesserungsmittel enthalten und überlasse es sowohl Ihnen als jedem andern praktischen Landwirthe dieselben daraus zu folgern.

2. Er

2. Erfolg des Kartoffelbaues von Sablon und Grenelle im Gouvernement Dombes aus einer Abhandlung von Herrn Parmentier nebst dem Resultat von Erfahrungen über den Kartoffelbau von Herrn von Chancey zu Saint=Didier.

Wenn man in Teutschland beynahe Ursache hat dem zu häufigen Genuß und Anbaue der Kartoffeln sowohl wegen seiner Folgen auf die Gesundheit als auch auf den übrigen Getraidebau Einhalt zu thun, so hat man in Frankreich dagegen Ursache den Anbau der Kartoffeln aus allen Kräften zu unterstützen und zu befördern.

Da es hier nicht mein Zweck ist, die schädlichen Folgen des Kartoffelbaues auf die Gesundheit der Menschen abzuhandeln, und die bisher gemachten Erfahrungen über diesen Gegenstand noch nicht hinlänglich bestätigt worden sind, so begnüge ich mich hier auf eine Abhandlung zu verweisen, welche der Prediger Herr Amelung über den häufigen Genuß und Anbau der Kartoffeln in der 3 Meilen von Fulda vor der Rhön gelegenen Herrschaft Gersfeld im Journal von und für Teutschland Stück 1. 1786 mitgetheilt hat und gehe sogleich zu dem Franzosen über.

Herr

Herr ~~Parmentier ließ zwey Morgen Landes~~, die man in dem weiten ungebauten Felde von Sablon und Grenelle dazu bestimmte, ackern, und zu gleicher Zeit ohne eine Art von Düngung bepflanzen. Ungeachtet, der ungünstigsten Umstände aber, da nehmlich die Kartoffeln erst den 15. Mai, folglich 6 Wochen später als gewöhnlich, gepflanzt worden waren, und einen Monat und 5 Tage keinen Tropfen Wasser bekommen hatten, war doch der Wachsthum so beträchtlich, daß man hätte glauben sollen, daß dieses trockene Erdreich ein treflicher Boden, und nicht nur durch verschiedene Bearbeitungen und die beste Düngung verbessert worden wäre, sondern auch daß die Witterung dieses Land ganz vorzüglich begünstige. Man erndtete 520 Scheffel Kartoffeln, die Pflanzen ungerechnet, die man aus Geiz oder Neugier herausgerissen hatte. Alle wurden an die philantropische Gesellschaft abgeliefert, und weil diese erste Probe gewissermaßen nur Versuch gewesen war, so lohnte sichs der Mühe im Großen es auf diesem Boden noch einmahl zu versuchen. Man nahm also statt 2 Morgen Landes 37, schnitt die Kartoffeln in Stücken und warf sie hinter dem Pfluge her in die Furche, ungefähr 5. Zoll tief, und einen Fuß aus einander, und ließ zwischen den Reihen hinlänglichen Raum, um mit dem kleinen amerikanischen Pfluge verschiedene Bearbeitungen vorzunehmen, und zugleich zu zeigen, was man bei dieser Methode für Mühe Zeit und Kosten ersparen könne, während der Ertrag der zur Austheilung an die Armen auf dem platten Lande der Pariser Generalität bestimmt ist, dazu

dazu beitrug, dem Volke Geschmack für ein seiner Konstitution so ungemessenes Lebensmittel beyzubringen.

Aber es war nicht hinreichend, durch ein unbestreitbares Factum zu beweisen, daß der trockenste Boden im Stande wäre, Kartoffeln hervor zu bringen, und daß diese Pflanze auch mit großem Nutzen nach Einsäung des Sommergetraides, dazu gebraucht werden könnte, in solchen Jahren, wo man mit einer nahen Hungersnoth bedrohet würde, dem Mangel abzuhelfen, man mußte auch die besten Gattungen vervielfältigen, selbst neue erschaffen, die schlecht gerathenen verbessern und zuverläßige Mittel angeben, ihre Ausartungen zu verhindern. Zu dieser nützlichen Absicht sind in der Ebene von Grenelle 17 Morgen Landes bestimmt und die Erndte, die der Intendant seiner Generalität versprochen hat, soll bald an die Stelle der schlechten Kartoffeln die noch verkauft werden, bessere Arten setzen; es giebt keinen Fleck im ganzen Reiche mehr, wo nicht die Gesellschaft ihre Korrespondenten in den Stand gesetzt hätte, ihren Gegenden diesen unschätzbaren Vortheil zu verschaffen.

So wurden also nun 54 Morgen Landes, deren Nahmen allein die Unfruchtbarkeit anzeigt, und die bei Menschen Gedenken nichts hervorgebracht haben, dazu bestimmt, praktische Ackerbau=Lehren zu geben, wohlthätige Handlungen zu thun, neue Arten von Kartoffeln zu naturalisiren, und die bisherigen für jeden Boden und jedes Klima passender zu erhalten.

Resul=

2. Erfolg eines Kartoffelbaues

Resultat von Erfahrungen über den Kartoffelbau, von Herrn von Chancey zu Saint Didier bey Lion.

Um bald, sagt Parmentier, in seinem Berichte die wahre Zubereitung zu erfahren, die der zum Kartoffelbau bestimmte Boden erfordert, suchte Herr Chancey zuerst die Verschiedenheit der Frucht eines gedüngten und ungedüngten, eines beackerten und gehackten, und eines gehackten und zerstoßenen Bodens zu erforschen. In dem letztern reifte die Frucht eher, und die Erndte fiel nun ein Sechstheil reichlicher aus, als in dem bepflügten Felde; in dem gehackten vermehrte sich die Frucht um ein Fünftheil und in dem zerstoßenen um ein Viertheil; daraus ergab sich, daß

der gepflügte und gedüngte Morgen Landes an Kartoffeln hervorbrachte	501 Schfl.
der gepflügte, aber nicht gedüngte	450 —
der gehackte und gedüngte	600 —
der gehackte aber ungedüngte	498 —
der zerstoßene und gedüngte	753 —
der zerstoßene aber ungedüngte.	633 —

Nun kam es darauf an, zu wissen, welche Art von Düngung für die Kartoffeln am besten wäre, und auch diese Untersuchung nahm Herr von Chancey vor. Alle gedüngte Pflanzen sind gewöhnlich schöner und blühender als die andern, aber zugleich ist ihr Geschmack gewöhnlich nicht so gut, daher man in gewissen Gegenden die Kartoffeln lieber von den Landleuten als von den Gärtnern kauft. Herr von Chancey versuchte nach und nach und in verschiedenen Proportionen mehrere Arten von Düngung, woraus sich denn ergab, daß sie alle gleich gut wären, daß man sich aber hüten müsse, mehr dazu zu nehmen, als bey dem Getraidebau. Uebrigens kommt es bey den Kartoffeln, wie bey den andern Pflanzen dem geübten und verständigen Landwirthe zu, zu bestimmen, was für seinen Boden am besten taugt, und sich darnach einzurichten.

Hierauf nahm Herr von Chancey verschiedene andere den Kartoffelbau betreffende Untersuchungen vor: ob man sie durch Schößlinge, stückweise oder ganz pflanzen, die größern den mittlern, oder diese den kleinern vorziehen solle; ob man sie nach Maasgabe der Arten und des Bodens anders bauen müsse? Auf alle diese Fragen antwortet die Erfahrung. Einige Schriftsteller verlangen, daß man in jedes Loch 3 Kartoffeln werfen solle, andere rathen den blos von der Wurzel abgemachten Schößling hinein zu thun, andere wollen ohne das Fleisch. Im erstern Falle verliehrt man viel Wurzeln, im zweyten Falle hingegen läuft man Gefahr, schlechte Erndte zu haben. Herr von Chancey nahm 1784 eine Reihe von Erfahrungen vor, wodurch es sich bestätigte, daß es vortheilhafter sey, die langen Arten von Kartoffeln zu theilen als die runden, vorzüglich wenn man Verwüstungen von den Maykäfern zu befürchten hat. Dann stehts schlecht mit denen, die blos Stücke mit einem Auge gepflanzt haben; die mehrsten Pflanzen gehen dann nicht auf, und die noch dem Verderben entrinnen, bringen nicht viel Frucht. Was die

Bauart betrift, so hat man mehrere Methoden, deren Güte durch die Erfahrung bestätigt ist. Aber sie selbst sind von einander unterschieden; bey leichtem und sandigen Boden ist es genug, ihn einmahl umzuackern; thonichter Boden muß zerstoßen werden; kurz die Erde muß so locker als möglich gemacht werden, ehe die Pflanze hineingethan wird und die ganze Zeit des Wachsthums über wird der Ertrag immer der Arbeit angemessen seyn.

Man hat irrigerweise geglaubt, daß, wenn man den Stengel und die Blätter der Kartoffeln ein wenig spät, und ehe sie vor Frost und Reife welken, in Gefahr wäre, der Frucht zu schaden, und daß diese Blätter, wenn man sie den Kühen als Futter gäbe, ihre Milch vertrockneten. Meine Erfahrungen haben aber gezeigt, daß diese Behauptung ohne Grund sey. Herr von Chancey ist der nämlichen Meinung und hält es für vortheilhaft, sie dem Vieh als Futter vorzulegen. Aber seine Versuche, sie für den Winter aufzusparen und gut zu erhalten, wollten nicht gelingen, entweder weil er ihnen ihre sehr große Feuchtigkeit benehmen, oder weil er sie im Wasser einweichen wollte, wie Weinrebenblätter. Herr von Chancey bemerkt, daß man in verschiedenen Gegenden von den Beeren oder der Frucht der Kartoffeln, dem einzigen einer geistigen Gährung fähigen Theile, Branbtewein machen könnte.

Um nun aber auch die beyden Fragen zu beantworten: ob die Kartoffeln das Erdreich erschöpfen

und

und ob der Bau derselben auf Feldern, wo nachher Getraide stehen soll, vortheilhaft sey, muß man nicht nur auf die verschiedenen Arten der Kartoffeln, die Beschaffenheit des Bodens, die Zeit und Art ihrer Pflanzung und die Art von Frucht, die hernach auf diesem Boden stehen soll, Rücksicht nehmen.

Es ist wohl gewiß, wie Herr von Chancey sehr richtig bemerkt, daß die tiefe Umackerung, die Düngung, die verschiedenen Umreissungen des Bodens und die Nothwendigkeit bey der Einerndtung die Erde zu hacken, die besten Mittel sind, sie zum Waitzen zu bereiten; wenn aber die Kartoffeln auf einen leichten Boden gepflanzt werden, und man hernach Waitzen dahin säet, so kann dieser nicht aufkommen; säet man aber Roggen, so geräth dieser sehr gut; daraus ergiebt sich, daß man, wenn man Kartoffeln im Waitzenboden geerndtet hat, ihn mit dieser Art Getraide besäen kann, wenn man ihn von neuem düngt; oft ist auch, wenn der Boden fett ist, der Mist überflüssig. Uebrigens beweiset eine ununterbrochene Erfahrung von zweyhundert Jahren, daß die schönsten Wiesen und die fruchtbarsten Felder in Irland ihre Fruchtbarkeit dem Kartoffelbau verdanken; und endlich darf man auch kein Bedenken tragen, einen Boden beständig zu besäen, wenn man ihn nur immer gehörig bearbeitet.

Waitzen und andere zum Lebensunterhalte gehörige Getraidearten leiden gewöhnlich keine andere Pflanzen unter sich; wenigstens findet diese Vermischung wenigen Beifall. Doch hat sich Herr von Chancey

Chancey durch einen glücklichen Versuch von mir, Mais zwischen den Kartoffeln zu bauen, der ihnen einen vortheilhaften Schatten und eine Art von Feuchtigkeit gab, bewegen lassen, einen ähnlichen Versuch zu machen. Ein gehackter, gedüngter und mit Kartoffeln und Mais bepflanzter Morgen Landes brachte ihm tausend und fünf Scheffel Kartoffeln, während ein anderes gleich großes Stück Land siebenhundert und drey und funfzig trug, ohne bey dem ersten den Mais zu rechnen, der eben so gut gerieth, als wenn er allein gestanden hätte. Auch kann man, wenn man nach dem Kohl, Lein und Roggen Kartoffeln pflanzt, auf dem nämlichen Felde doppelt erndten; aber der Boden muß sehr gut und die Witterung sehr günstig seyn; denn wenn sich der Reif schon in den ersten Septembertagen zeigt, so darf man nicht mit Gewißheit auf diese Vortheile hoffen.

Ein zweiter Aufsatz des Herrn von Chancey handelt von den verschiedenen Arten der Reproduction der Kartoffeln. Bekanntlich gehört diese Pflanze zu denen, die sich regeneriren, wenn man sie theilt; daher man sie auch Pflanzenpolypen genannt hat. Man vervielfältigt sie vermittelst der Augen, der Keime, der Schößlinge, und diese letztere Art ist unstreitig die beste, weil man dadurch nicht nur die Pflanze, wenn der Keim nicht mehr frisch ist, verjüngt, sondern auch neue Arten von Pflanzen giebt, die als unserm Boden und Klima angehörig, weniger ausarten. Diese Methode haben mehrere bekannte Landwirthe versucht, aber ohne einen besondren dern Zweck; auch haben sie es nicht ganz befolgt, unter dem Vorwande, sie sey zu langwierig, kostbar und zu schwierig; doch hat Herr von Chancey, vermittelst seiner Methode Kartoffeln von der großen weissen Art hervorgebracht, die an ein und zwanzig Unzen wogen, und lange rothe von vier bis fünf Unzen. Herr Hell, der diese Versuche im Elsaß und Herr Ladebat, der sie in Guienne gemacht hat, hatten eine reichliche Erndte von gleich großen Kartoffeln. Sie bemerken dabey, daß die verpflanzten Stöcke gewöhnlich stärkere Knollen hatten als andere. Die Landwirthe, die über die Ausartung der Kartoffeln klagen, dürfen also bloß diese Methode brauchen, wenn sie schönere Pflanzen, stärkere, mehrere und besser schmeckende Knollen als gewöhnlich haben wollen.

Auch über die verschiedenen Arten der Kartoffeln hat Hr. v. Chancey Untersuchungen angestellt. Einige geben an sechzig Arten: aber sie rechnen darunter, wie leicht zu erachten, viele Varietäten. Eilf Arten derselben, die ich mir aus dem ersten Vaterlande der Kartoffeln, aus Amerika habe kommen lassen, (und wovon ich seit vier Jahren jährlich Proben vertheile) haben sich in den verschiedenen Gegenden, wo sie gepflanzt worden sind, in Absicht ihres Tragens und ihrer Gestalt erhalten. Eine einzige, die ich vor vier Jahren an Herrn von Chancey schickte, setzte ihn in den Stand, drey und einen halben Morgen Landes damit zu bedecken, deren Ertrag in Lyonnois vertheilt werden soll. Dies ist aber nicht der einzige Dienst, den ihm seine Mitbürger schuldig sind. Vor zwey Jahren bewog er einige gutherzige Leute, zum Besten der Armen Kartoffeln bauen zu lassen, der eine gab sein Feld, der andere den Dung, ein dritter bezahlte die Arbeit und den Saamen; und dies war hinreichend, den dringenden Bedürfnissen vieler Familien abzuhelfen; eine Wohlthat, die er im folgenden Jahre erneuerte. Möchte doch diese Art, die Armen zu unterstützen, recht viele Nachahmer finden!

3. Empfehlung des Erdartischockenbaues.

Herr von Beauvoir wundert sich, daß man die Erdartischocken bisher, vorzüglich in der Gegend von Paris, nicht häufiger anbauet. Er hatte mit einigen, die er sich aus Anjou kommen ließ, wo sie häufig gebauet werden, einen Versuch in Nivernois gemacht. Da es der Jahrszeit nach schon zu spät war, so mußte er sie in einem Garten bey den Steinbrüchen von Conflans pflanzen, dessen Boden sehr trocken und unfruchtbar war und vorzüglich aus dem bestand, was von den Steinbrüchen weggeführt wird. Diesen Boden ließ er mit Pferdemist düngen, den man aber nachher ganz wieder fand, und ihm folglich fast gar nichts von seiner Kraft mitgetheilt hatte. Doch gaben diese Erdartischocken, die nach den Augen getheilt, drey Zoll tief und neun bis zehn Zoll von einander gepflanzt waren, eine so reichliche Erndte, daß man auf einem Erdreiche von funfzig Fuß Umfange

fange von zwey und funfzig Stengeln, drey Scheffel Pariser Maas, jedes zu sechzig Pfund, erhielt, so daß man also, wenn die übrigen Umstände gleich wären, auf einem Morgen Landes achtzehn hundert Scheffel Wurzeln erhalten müßte.

Außer den Knollen erhielt Herr von Beauvoir acht bis neun Fuß hohe Stengel, woraus er, nachdem er sie in zwey Fuß lange Stücke hatte zerhauen lassen, Wellen machte. Diese Wellen können zur Feuerung, besonders zur Heitzung in Oefen und ganz vorzüglich in holzarmen Gegenden, wo man Stroh zu allerley Sachen braucht, eben so gebraucht werden, da es eben diesen Gegenden auch gewöhnlich an Erde zum Ziegelbrennen und an andern Bau-Materialien, als Steinen, Schiefersteinen und Schindeln fehlt, so daß man dafür Roggenstroh nimmt, welches dadurch seltener wird und weil es nicht zur Düngung gebraucht werden kann, für den Ackerbau gänzlich verlohren geht.

Ungestüme Winde schaden dieser Pflanze, indem sie die Röhre zerbrechen. Aber Herr von Beauvoir glaubt, daß man sie davor schützen könne, entweder wenn man sie an einen Abhang pflanzt, oder wenn man sie befestigt, oder sie mit langen Stangen stützet.

4. Benutzung der wilden Cichorie zur Futterung von Herrn Cretté de Palluel.

In der Absicht, mir neue Produkte zur Futterung zu verschaffen, säete ich verschiedene dazu dienliche Pflanzen. Aber keine davon brachte so viel ein und entsprach meinen Absichten so gut, als die große wilde Cichorie, deren Bau im Großen mir vollkommen gelingt.

Diese Pflanze, die in allen Gärten gebaut wird und jedermann, wie wohl mehr wegen ihres medizinischen als ökonomischen Nutzens bekannt ist, treibt lange Blätter, die gewöhnlich bis gegen die Seite zackig und ein wenig haarig sind. Die Stengel sind gewunden, dick, rund, leer und ästig; die Blüthen wachsen längs den Aestchen hin, und bestehen aus verschiedenen Blümchen in blauen Bauquets. Wenn die Blüthe vorbey ist, so entsteht eine Kapsel, die aus dem Kelche kommt, der weißlichen Saamen enthält; seine Wurzel ist lang und dick, die ganze Pflanze ist voll von einem milchichten Safte.

Die seit langer Zeit an der Cichorie bekannten Eigenschaften bewogen mich, sie zu bauen, um meinen Schöpsen eine Nahrung zu verschaffen, die durch ihre blutreinigende Kraft den Krankheiten vorbeugen könnte,

könnte, die sie oft überfallen, und mehrmahl Verwüstungen unter meiner Heerde angerichtet haben.

Es wäre zu wünschen, daß der Bau dieser Pflanze in allen Ländern, wo es an natürlichen Weiden fehlt, und wo der Saame zu künstlichen Wiesen nicht für den Boden taugt; dadurch würde man den Mangel von verschiedenen Futterungsarten vorzüglich im Frühling und Herbste ersetzen.

Die Cichorie kommt leicht in jedem Boden fort; sie hat viel Lebhaftigkeit und erfordert wenig Kosten, wird im Frühling nach einmahliger Umpflügung gesäet, und mit der Egge wieder mit Erde bedeckt; und ein Scheffel Körner reicht hin, um damit einen Morgen Landes zu besäen. Sie kann, wie die Luzerne, vor der zweyten Eggung in den Hafer gesäet werden, oder auch in die Gerste, mit dieser zugleich an einem Tage. Säet man sie im März allein in einen gut gepflügten, geeggten und überwalzten Boden, so kann man in einem Jahre zweymahl erndten. Reichlicher wird diese Erndte ausfallen, wenn man das Erdreich im künftigen Winter düngt. Man muß sie abschneiden, ehe das Rohr zu dick wird.

Diese Pflanze trozt der großen Trockenheit und widersteht den Sturmwinden. Da sie zeitig wächst: so breiten sich seine ersten breiten Blätter auf beyden Seiten aus, bedecken die Erde und halten sie frisch; dadurch werden die Wurzeln vor der Hitze geschützt, die oft alle andere Früchte austrocknen. Die Sturmwinde schaden ihr nicht, weil ihre

Stengel rund und so dicke sind, daß sie sich gegen Wind und Regen, wodurch alles nieder geworfen wird, erhalten. Weder starke Fröste noch Reif schaden ihr. Vorzüglich schätzbar macht sie ihr schnelles Wachsthum, und daß sie in einer Jahrszeit, wo das Vieh das trockne Winterfutter nicht gern frißt, und nach frischem Futter begierig ist, viel und heilsame Futterung giebt.

Meine Absicht ist nicht, diese Pflanze über ihr Verdienst zu erheben; ich will nur einige erst kürzlich gemachte Beobachtungen mittheilen, für die ich mich verbürgen kann. Im April 1787 legte ich drei Pferden grüne Cichorie vor, wovon das eine Jucken am ganzen Leibe, das andere aber an dem einen Beine Blasen hatte. Beide wurden ohne andere Hülfsmittel wieder hergestellt, wurden sogar fett dabei und erhielten ein gutes Aussehen. Den ersten Tag mochten sie nicht viel fressen; aber nachher fraßen sie dieses Futter begierig, und es wurde ihnen einen ganzen Monat hindurch im Stalle vorgelegt.

Die Kühe, denen man täglich zweimal davon zu fressen giebt, bekommen viel Milch. Sie fressen diese Pflanze, ihrer Bitterkeit ungeachtet gern, und geben eine eben so süße und rahmige Milch, als bei jedem andern Futter.

Die Schöpse werden nicht nur dabei fett, sondern werden auch dadurch vor den obgedachten Krankheiten bewahret.

Man

Man kann vielleicht meinen Bericht von dem guten Wachsthume dieser Pflanze auf schlechtem Boden für übertrieben halten. Aber man kann sich von der Wahrheit meiner Behauptung noch auf dem Stükke Landes überzeugen, wo noch nicht gehauen ist. Diese Pflanze ist jetzt, da ich dieses schreibe (den 20. Jun. 1787) sieben bis acht Fuß hoch, außerordentlich dicklaubig und blätterreich. Der Ertrag eines Morgen Landes (von hundert Ruthen, jede zu achtzehn Fuß) kann ich, nach einem ziemlich sichern Ueberschlage, auf funfzig Lasten (jede zu tausend Pfund) angeben. Vergleicht man diesen Ertrag mit der reichsten, natürlichen oder künstlichen Wiese: so wird man finden, daß keine so fruchtbar sey. Denn eben so viel, als man im April schneidet, bringet es auch gegen Ende Julii ein, so daß man jährlich wenigstens viermahl schneiden kann.

Im Jahre 1786 ließ ich etwas davon trocknen, welches die Schöpse im Winter sehr gern fraßen: aber das Trocknen ist schwer. — Zum Beschlusse merke ich noch an, daß einige Landeigenthümer damit Versuche gemacht und dabey nach meiner Methode verfahren haben.

5. Erleichterung des Baues der rothen Feldrüben von Abbé Commerell.

Hat man im März und April den Boden gut geackert, gedüngt und locker gemacht, wie er zum Pflanzen seyn muß, so wählt man die schönsten und stärksten Saamenkörner zu diesen Rüben, läßt sie vier und zwanzig Stunden im Wasser weichen und sie dann wieder trocknen. Man zieht eine Schnur auf dem Felde, als wenn man pflanzen wollte, macht dann immer achtzehn Fuß von einander mit den Fingern kleine, etwa einen Zoll tiefe Löcher in die Erde, und legt darein ein einziges Saamenkorn, welches man sogleich wieder zuschüttet. Nach zehn oder zwölf Tagen geht das auf, und man sieht nun, daß jedes Saamenkorn den Keim von vier, fünf bis sechs Wurzeln enthält, die auf einmahl hervorkommen, sobald diese kleinen Wurzeln ihr viertes Blatt zeigen, muß man die schwächsten mit Behutsamkeit ausreißen und nur die schönsten und frischesten stehen lassen. In wenig Tagen wird man über den Wachsthum derselben erstaunen, nicht eine verdirbt und so erspart man sich das Verpflanzen, hat vier bis fünf Wochen eher Blätter, die Wurzeln werden schöner und stärker, und bekommen bessere Herzwurzeln. Wo das Erdreich locker ist, braucht es nur einmahl bearbeitet zu werden. Da sie ihrer Natur nach aus der Erde hervorkommen, so muß man auf die, die nicht recht hervorkommen, Acht geben und ihnen oben Luft machen.

Der übrige Saamen kann im Fluge gesäet und dann die Wurzeln nach Belieben verpflanzt werden. Auch können die Pflanzen an Ort und Stelle stehen bleiben; aber dann muß man die überflüssigen ausreißen, sie zeitig bearbeiten und sie in gehöriger Entfernung von einander halten, welches sehr schwer ist. Auch wird man leicht bemerken, daß diese Wurzeln nie so stark werden.

Im Frühjahre 1787 bewog ich einige aufgeklärte Landwirthe, mit mir zugleich diese Methode zu versuchen. Das Resultat ihrer Versuche stimmt mit den meinigen überein. Sie haben daher diese Methode als die einfachste und vortheilhafteste angenommen, und wünschen nur, daß auch andere Gebrauch davon machen mögen.

6. Wirth-

6. Wirthschaftlicher Bericht über den ökonomischen Zustand des Ritterguths M** nebst dem neu erbauten Vorwerke R**** im A** E*** an Ort und Stelle ausgearbeitet.

Die Gegend, in welcher diese beträchtlichen Grundstücke liegen, gehört keinesweges zu den fruchtbaren, sondern nur zu den mittelmäßigen, deren Oberfläche größtentheils aus Sandboden bestehet. Wiesen sind im Ueberfluß vorhanden, aber sie geben schlechtes, saures Futter und werden schlecht abgewartet. Auf den hohen Feldern wächst der Klee sehr sparsam, auf vielen so schlecht, daß es Schade ist, den Saamen auf die Felder zu streuen, und in den am höchsten liegenden Auefeldern erbaut man keinen.

Die Weideplätze für Zug- und Nutz-Vieh sind meistens eine halbe Stunde bis $1\frac{1}{2}$ Stunde vom Stalle entfernt. Dieser Entfernung wegen sollte man das Nutzungs-Rindvieh entweder gar nicht austreiben, oder wenn das Austreiben ja beybehalten würde, so müßte man das Vieh Morgens um sieben oder acht Uhr auf die entfernte Weide jagen und nach 5 bis 6 Stunden eintreiben und es alsdenn im Stalle füttern.

füttern. Wenn alles mit gehöriger Ordnung, Einsicht und Ueberlegung eingerichtet würde, so könnte bey der großen Menge Wiesen mit dem Nutzungsviehe die halbe Stallfütterung eingeführt werden, so wie die ganze Stallfütterung des Zugviehes durchaus nothwendig ist. Denn was hilft es den Ochsen, daß sie den größten Theil der Nacht und den halben Tag auf einer Weide zubringen, die ihnen nur kärgliches Futter darbietet, da sie die Rückkehr von derselben zur Arbeit, wozu sie volle Kräfte mitbringen sollen, dergestalt ermüdet, daß vier Ochsen nicht so viel, als zwey im Stalle gefütterte, arbeiten?

Treten nun gar solche trockene Jahre ein, wie 1790, wo die besten Wiesen nur wenig Heu liefern; kommt noch hierzu ferner, daß man die Wiesen zur unrechten Zeit abmähet und das wenige Heu durch Regen verderben läßt, so muß allgemeiner Futtermangel für den Winter erfolgen. Da die Wiesen der Regel nach jährlich wenigstens einer Ueberschwemmung ausgesetzt sind, so muß ihre Verbesserung vorzüglich durch Gräser geschehen, welche Nässe und Ueberschwemmung vertragen können, ohne ein saures Futter zu werden und wovon ich in einer eignen Abhandlung reden werde; am wenigsten aber dürfen diese Wiesen, wie hier geschahe, bey nasser Witterung mit der Egge überfahren werden, weil man dadurch Gräswurzeln ausreißt. Es ist daher kein Wunder, wenn das Zugvieh, besonders bey eintretender Frühjahrsbestellung, kaum vermögend ist, sich selbst fortzuschleppen, geschweige denn, daß es noch auf dem Acker arbeiten soll.

soll. Außer den 28 Stück Zugochsen und 10 Pferden sollen noch drey und vierzig Milchkühe, zehn Stück gelte Vieh, nebst siebenhundert Schaafen ausgewintert werden, und zur Unterstützung des Heufutters an 130 bis 150 Fuder werden etwas Erbsen und Heydekorn erbauet.

Die hiesige Feldbestellung nebst dem Ackerumschlage gehört zu denjenigen, die man auf Güthern, wo der Feldbau die Hauptquelle aller Einkünfte ist, entweder ganz aufgeben, oder doch wenigstens so viel verbessern und einträglicher machen sollte, als es möglich ist, und als die Beschaffenheit des leichten Bodens zuläßt.

Gewöhnlich werden jährlich gegen 250 Scheffel Körner aller Art größtentheils nur nach zweymahligem Ackern, oft auch in die erste Furche eingesäet und dazu jährlich noch 20 bis 30 Acker neue Lehden umgerissen und mit Korn ohne Dünger oder mit Hafer begattet. Dies ist bey dem schlechten Zugvieh ein Hauptfehler: denn nicht viel Feld, sondern wenig und gut bearbeitetes Feld bringt Vortheil.

Nach hiesiger Sitte säet man ins Feld, das im Frühjahr frisch gedüngt worden ist, Rüben, und nach Michaelis Korn, woraufes nach eingeerndtetem Korne ein Jahr Braache bleibt und dann wieder mit Korn besäet wird. Zur dritten Frucht nimmt man entweder Hafer, oder es bleibt wieder reine Braache, in welche Korn ohne Dünger kommt.

Auch

Auch düngt man das Haferland im Herbſte zu Gerſte, ſäet in die Gerſtenſtoppel Korn und zur dritten Frucht entweder Hafer, oder nach gehaltener Braache wieder Korn. Endlich düngt man entweder zu Kraut oder Kartoffeln, ſäet darauf Gerſte und nur ſelten Korn in dieſe Felder. Der Prediger des Orts iſt der einzige Landwirth, der ſeine Felder nicht nur im beſten Zuſtande hat und von dieſer Ordnung abgegangen iſt, ſondern ſein Vieh zeichnet ſich auch vor allem andern im Orte aus. Ein anderer Umſtand, welcher die hieſige Feldbeſtellung außerordentlich erſchwert, iſt auch dieſer, daß die nächſten herrſchaftlichen Felder eine halbe Stunde und die weiteſten bis 1 und $\frac{1}{2}$ Stunde entfernt, der Dorfbewohner ihre aber um den Ort herum liegen. In einer ſolchen Lage, welche jeder Landwirth beym erſten Anſcheine gegründet finden wird, iſt es ohne gänzliche Abänderung der bisherigen Feldbeſtellung durchaus nicht möglich, einen höhern Ertrag von Wieſen, Feldern und Vieh zu erzwingen, ſondern der Landwirth kommt auch bey den theuerſten Preiſen zurück. Bey der Landwirthſchaft iſt es nicht hinreichend, Theorie zu verſtehen, um die verſchiedenen Arten zu kennen, ſondern das Ausüben Wollen und Können bleibt die einzige wahre Achſe, um welche ſich die gute Landwirthſchaft drehet. Mancher Wirth hat ſeinen eigenen Gang; mancher ahmt jenen blind nach, ohne auf die Verſchiedenheit der Umſtände zu ſehen, und manche Wirthe haben gar kein Syſtem. Allein, wer mit vorherſehenden Augen ein Guth verbeſſern will, muß daſſelbe nach allen ſeinen Theilen und Umſtänden

genau

genau kennen, Grundsätze und Erfahrungen müssen ihm zum Leitfaden dienen, er muß die Verhältnisse zwischen Ackerbau, Viehzucht und Futterung genau wissen, um aus dem rechten Gesichtspunkt urtheilen zu können. Es ist nicht meine Sache, mich mit so großen kostspieligen Geschäften einzulassen, sondern die wohlfeilsten und leichtesten Verbesserungen sind es, die man anwenden muß. Diesem zu Folge will ich erst meine Meinung über den Werth und die Behandlung der Ritterguthsfelder sowohl, als der auf dem neuangelegten Vorwerke sagen. Ein Wirth muß jedes Feld aus zwey Gesichtspunkten betrachten 1) nach seiner äußerlichen Lage und Beschaffenheit, nach welcher diese Felder sehr weit entlegen und nicht so gut zu begatten sind, 2) nach dem innerlichen Werth, und hier findet sich, daß sie theils verqueckt, theils rein sind, alle aber aus schlechtem Sandboden mit einer noch schlechtern Unterlage bestehen, sehr hitzig und mager und durch wenige Bearbeitung scharf, zum Kleebau fast untauglich, und dungfressende Felder sind, die durch Mist allein nicht gänzlich verbessert werden, weil ihnen Zusammenhang fehlt, damit die nährenden Kräfte des Dunges nicht so bald von Luft und Sonne ausgezehrt werden, sondern sich etliche Jahre halten. Ein Stück Feld, die **Bruchbreite** genannt, ist besonders wild. Es treibt tief wurzelndes Unkraut in großer Menge. Dieses Feld sollte sehr oft gepflügt werden, damit die Quecken heraus kämen und dadurch gemildert würde. Alle Felder, je näher sie dem Dorfe liegen, sind zwar etwas stark, aber auch an Quecken reich, wie ich selbst aus ¼ Acker

6 starke Fuder Quecken nur mit zweimaligem Eggen herausbringen gesehen habe, und doch glaube ich, daß kaum die Hälfte heraus ist. Der Fehler liegt am Hofmeister, daß er bey jedesmaligem Pflügen nicht vorher eggen ließ, sondern er pflügte und eggte das Feld gleich den andern Tag zu; ein unverzeihlicher Fehler. Denn warum pflügt man? Damit das Feld locker wird, und Luft und Sonne solches durchstreichen und auflösen kann. Wozu dient das Eggen? Zu nichts anders, als daß bey dem Pflügen das Feld klar und die Erde besser an die Wurzeln der Pflanzen gebracht wird. Diß geschieht bey dem Saatpflügen vorher, um Krume hinunterzupflügen, und nachher um den Saamen recht einzueggen und um ihn herum lockere Erde zu bringen; allein hier bringt der Hofmeister mehr Erde an die Queckenwurzeln und giebt ihnen gleichsam neue Stärkung.

Was ferner die Felder in der Aue betrift, so sind diese von rothem starken Boden und sehr geil, haben eine noch bessere Unterlage, aber auch noch dreymahl mehr Quecken, als die auf der Höhe. Mit einem Worte: mit Ausharken der Quecken ist der Anfang einer wesentlichen Verbesserung zu machen, und dann mit öfterm Pflügen. Ferner die Bestellung der Felder betreffend, so finde ich hier gar kein Verhältniß in der Aussaat, welche auch ohne einen ordentlichen dreyjährigen Fruchtwechsel nicht in Ordnung gebracht werden kann. Nur ein Paar Fälle von der vorjährigen Bestellung der Felder. Es wurden 208 Schfl. Korn, 50 Schfl. Gerste, 80 Schfl. Hafer gesäet. Nach Verhältniß des Wintergetreides hatte man zu wenig Gerste gesäet; gesetzt, das Korn gerieth nicht, hingegen die Gerste, oder wenn der Fall eintritt, das Korn wird wohlfeil, die Gerste aber angenehm, so wäre und ist auch wirklich, da zu wenig Gerste erbaut wird, Verlust. Noch weniger aber ist Hafer gebaut worden: denn 80 Schfl. Hafer ist viel zu wenig. Ich rechne das 5te Korn, also 400 Schfl. Erndte; rechne 80 Schfl. zur Saat ab, so bleiben 320 Schfl. auf 9 Pferde wöchentlich 9 Schfl. (es sind 10 Pferde; allein im Winter werden nur $\frac{3}{4}$ gefüttert) beträgt jährlich 468 Scheffel Futter, folglich muß in den besten Jahren Hafer erkauft werden.

Ich verlange von einem Hofmeister gar nicht eine genaue Richtigkeit des Saamen-Ueberschlags, weil unter diesen Umständen der Guthsherr selbst anordnet; allein das muß doch ein Hofmeister wissen, wie viel ein Feld nach seiner Bearbeitung, Stärke oder Schwäche Saamen bekommt. Wie geht das zu, daß in der Tabelle von 1790 auf der Höhe $6\frac{1}{2}$ Acker mit 9 Schfl. Korn in die 2te Art und zwar in die Wendefurche noch dazu besäet worden, und 9 Acker in der Aue, wo starkes geruhtes Feld ist, nur mit 6 Schfl. 14 Metzen Korn bestellt worden sind? Ferner 40 Acker sind mit 36 Schfl. Korn in geruhtes Feld bestellt worden, und alles noch dazu wegen der vielen Baufuhren in die Wendefurche. Wenn diese Art, die Felder zu begatten, noch einmahl erfolgt, so glaube ich gewiß, es wird mit den meisten Feldern das letztemahl seyn, daß sie etwas tragen können.

Die

Die Felder werden hier nicht nach ihren Kräften ausgemittelt. Ein Stück Feld, z. B. war $\frac{1}{3}$ gepfercht, $\frac{1}{3}$ gemistet, $\frac{1}{3}$ gebraacht, und das ganze Stück wurde vor 2 Jahren mit Korn besäet, voriges Jahr ohne Unterschied wiederum besäet, und von 80 Ackern bekam man zur Erndte nur 124 Schock Korn. Demohngeachtet ist es dieses Jahr wiederum noch einmahl in die Wendefurche mit Korn bestellet worden. Diese Behandlung und das ungleiche Verhältniß des Saamens gegen die Felder zeigen mir die baldige Unfruchtbarkeit derselben, denn ich sahe ein, da wo Unkraut ganz wider mein Erwarten stand, war zu wenig gesäet, und da wo das Feld zwar rein war, aber wenig trug, war es schlecht gepflügt und stark besäet worden. Weitläuftige Bauten sind in jeder Wirthschaft Menschen und Vieh eine große Hinderniß; und durch diese kam auch der Feldbau zurück, und die Umreissung von 80 Ackern Lehden zum neuen Vorwerk machte folgends Knechte und Vieh muthloß, weil es an Kräften, an Zeit und Dung, die Felder zu begatten, fehlte, denn es sind 1790 überhaupt nur 3 Rücken von der starken Wintersaat zu 280 Scheffel ordentlich begattet worden. Noch fehlerhafter ist es, daß der Hofmeister leichtes schlechtes Feld mehr pflügt, als starkes und verquecktes. Wahrscheinlich liegt aber hier die Ursache in dem entkräfteten Viehe, das bey starkem Antreiben umfallen würde.

Ueberhaupt wird hier zur Bedüngung der Felder — denn in 3 Jahren sollen wenigstens 1000 Acker Feld, als soviel die Summe der Felder beträgt, gedüngt werden — zu wenig und bey der schlechten Fütterung hingegen zu viel Vieh gehalten. So sollten z. B. 1790 im September noch 60 Acker zur Wintersaat, und zwischen hier und Ostern 9 Acker zu Rübsen, 13 Acker zu Gerste, 2 Acker Wickfutter, 3 Acker Erdbirn, 3 Acker Kraut, zusammen 90 Acker Feld gedüngt werden. Ich will schlecht weg annehmen, der Acker zu 300 ☐ Ruthen muß wenigstens 6 Fuder guten Dünger haben, es müssen also bis Ostern noch 540 Fuder Dung schlechterdings geliefert werden, wenn das Feld nicht liegen beiben soll. Allein da das Rindvieh wegen Mattigkeit nicht mehr mit zur Heide getrieben werden kann, weil hie und da immer eins liegen bleibt, und das Stück täglich nur ½ Kanne Milch giebt, wo soll der Dünger herkommen? Alles Vieh kann höchstens 300 Fuder Dünger machen; rechnet man hierzu noch 12 Acker Schaafpferch, so ist erst ⅔ des Feldes gedüngt, wenn man auch nur 4 Fuder auf 1 Acker rechnet, welches gewiß mager genug gedüngt ist. Wie nun aber, wenn künftiges Jahr die Winterart zu 280 Scheffel gedüngt werden soll, wozu noch die umgerissenen 80 Acker Lehden zu Feld, und 8 Acker zu einem Krätzereygarten kommen, wodurch folglich auch mehr Dünger nothwendig gemacht geworden ist? Wahrlich hier ist an das alte Hauskalender-Versehen:

> Oft pflügen, brachen und stark misten,
> Füllt dem Hauswirth seine Kisten

nicht gedacht worden. Wer sollte wohl von einem Guthbesitzer, der gegen 800 Thlr. auf vergebliche

Wasserbaue und 902 Thlr und drüber auf die Erbauung neuer Vorwerksgebäude wendet, welche noch einmahl so viel kosten können, glauben, daß er gerade bey dem nothwendigsten, beym Feldbaue und Viehzucht so wenig thätig wäre?

Die Verbesserungs-Summe von 2102 Thlr macht einem Wirth wahrhaftig Ehre; allein dieses Geld ist so gut als verlohren angewendet, wenn nach dem alten Systeme fortgewirthschaftet wird. Denn auf den umgerissenen Feldern war im September 1790 noch keine Gabel voll Mist; und der Wasserbau schützt die Sommerfrüchte in der Aue vor nichts weniger als vor Ueberschwemmung, sondern dient blos dazu, daß der Strom nichts wegreißt. Wollten Guthsbesitzer an austretenden Flüssen ihrem wahren Vortheile gemäß handeln, so müßten sie beym Besitze beyder Ufer gar nicht einbauen, und beym Besitze eines Ufers nur leichte, wenig kostende Pressen anlegen: denn diese thun die nähmliche Wirkung. Das Haus zum Vorwerk steht da, 16000 Lehmsteine sind hineingebauet worden, die durch 24 Thlr. ihr Daseyn erhielten. Welche trefliche Wirkung würde dieser Lehm in den Sandfeldern gethan haben? Doch hiervon bald ein mehreres, wenn ich vorher die hiesige dreyjährige Frucht und Feldbestellung mitgetheilt haben werde.

Nahmen der Felder mit Nummern angegeben.	1 7 8 9.
No. 1.	Ward im November und December aufgerissen, gepfercht, gedüngt, zweymahl geegget und blieb Braache.
2.	Eine neue Lehde ward mit 33 Schfl. Hafer bestellt.
3.	Von 60 Ackern 48½ Schfl. mit Korn.
4.	26 Schfl. Korn in Dünger; das übrige Braache.
5.	26½ Schfl. Korn in Schaafpferch.
6.	40 Schfl. Korn in die erste Frucht.
7.	Gedüngt mit Schaafpferch.
8.	Braache und Heidekorn
9.	Im November eine neue Lehde umgerissen.
10.	Braache. Ferner das übrige Feld halb gedüngt halb Hafer

1790.

ökonomischen Zustand des Ritterguths M**ꝛc. 373

1790.	1791.
Wiederum zweymahl gepflügt.	58 Schfl. Korn gesäet.
Braache und Stoppel zu 48 Schfl. Korn in die erste Frucht.	Braache und gepfercht zu 35½ Schfl. Korn in die zweyte Frucht.
Hafer.	23 Schfl. Korn in Dünger.
Braache.	
Heidekorn in Dünger.	27 Schfl. Korn.
Braache.	21 Schfl. Braachkorn.
36½ Schfl. Korn als zweyte Frucht.	Hafer.
Mit 18½ Schfl. Korn besäet; die Ränder mit Klee bestreut, der aber nicht gedieh.	Wieder 11½ Schfl. Korn.
27 Schfl. Braachkorn, 9 Schfl. Korn in Heidekornstoppel.	7½ Schfl. Korn zur zweyten Frucht und das übrige Braache.
Hafer.	11½ Schfl. Korn in Dünger.
25 Schfl. Korn.	Braache.
Somerkorn als erste Frucht.	Hafer als zweyte Frucht.
Braache.	7½ Schfl. Braachkorn.

Nahmen der Felder mit Nummern angegeben.	1789.
11.	Rüben in Dünger.
12.	Gerste.
13.	Hafer.
14.	Rüben in Dünger.
15.	Rüben und Rettige in Dünger.
16.	Trift und 8 Schfl. Korn.
17.	12 Schfl. Gerste.
18.	6 Schfl. Korn.
19.	Braache.
20.	Braache und gedüngt.
21.	6 Schfl. Korn.
22.	$7\frac{1}{4}$ Schfl. Korn auf eine Lehde. Anmerk. Alle vorstehende Felder liegen auf der Höhe und alle nachstehende in der Aue.
23.	Gerste mit Klee 5 Schfl. Erbsen in Dünger $3\frac{1}{4}$ Schfl.
24.	7 Schfl. Korn. $5\frac{1}{4}$ Schfl. Waitzen.
25.	3 Schfl. Korn. $8\frac{1}{4}$ Schfl. Gerste.
26.	$3\frac{1}{2}$ Schfl. Korn. Erbsen } Gerste }

1790.

Ökonomischen Zuſtand des Ritterguths M** ꝛc, 375

1790.	1791.
Gerſte.	6 Schfl. Korn.
4 Schfl. Korn.	Hafer.
Halb gedüngt und halb mit Rettigen beſäet.	7 Schfl. Korn.
Gerſte und Hirſe.	3 Schfl. 4 Metz. Korn.
Gerſte und Hirſe.	3¼ Schfl. Korn.
Trift und	Zu Rüben gedüngt.
Hafer.	
Braache und zu Rettigen gedüngt.	Hafer.
Hafer mit Klee.	Braach- und Düngerkorn.
12 Schfl. Korn.	Hafer und gedüngt.
3¼ Schfl. Korn.	3¼ Schfl. Korn in Dünger.
Gedüngt und Gerſte mit Klee.	6¼ Schfl. Korn.
Unbeſäet.	Desgleichen.
Kleebraache.	Kraut.
Waitzen 3½ Schfl.	Gerſte.
Hafer.	Hafer mit Klee.
Kraut und Kartoffeln.	Gerſte.
Hafer.	Raps.
5 Schfl. Korn.	
Möhren.	Erbſen.
7¼ Schfl. Korn.	Möhren }
	Hafer }

Aa 5   Nah-

Nahmen der Felder mit Nummern angegeben.	1789.
27.	½ Schfl. Gerste mit Klee.
28.	Hafer.
29.	Waitzen.
30.	Rübsen.
	Hafer.
31.	Gerste.
32.	3 Schfl. Gerste und Kraut.
	14 Schfl. Hafer und Kartoffeln.
33.	6 Schfl. Hafer.
34.	4 Schfl. Hafer.
35.	1½ Schfl. Gemenge.
36.	1½ Dergleichen.

1790.

1790.	1791.
Der Klee gedieh nicht.	Hafer
Wicken.	Heidekorn.
Gerste.	6 Schfl. Korn.
Waitzen 5 Schfl.	Gerste.
Korn und Stoppelrüben.	3¼ Schfl. Waitzen und Raps.
Hafer.	Kraut.
Hafer und Gerste.	Braache.
5½ Schfl. Erbsen in Dünger.	5½ Schfl. Waitzen
Kraut in Dünger.	Gerste.
Wicken.	Kraut.
Unbestellt.	Desgleichen.
Unbestellt.	Hafer.

Bey der Anlegung des neuen Vorwerks ist mancher Fehler vorgegangen, der nunmehr schwer zu verbessern seyn wird. Jeder Landwirth sollte bey dergleichen neuen Anlagen und Urbarmachungen gerade mit den Gebäuden beschließen und diese nicht zuerst aufführen, besonders wenn die Felder so äußerst schlecht, wie die hiesigen sind. Denn wozu stehen die Gebäude da, wenn sie mit keinen, oder doch nur mit sehr geringen Vorräthen angefüllt werden können?

Dieses Vorwerk hätte sowohl in Rücksicht der Bearbeitung der Felder, als auch in Rücksicht des

Verkaufs unzählige Vortheile, wenn nur die Felder an sich von irgend einer auszeichnenden Güte wären, und das Futter nicht aus der Aue herzu geschaft werden müßte. Die Felder an sich betrachtet sind zwar Kornfelder, aber keinesweges zum Kleebau geschickt. Sie sind leicht, bestehen aus klarem Sande von schlechten Unterlagen und haben sehr wenig Bindung. Wind und Sonne trocknen sie daher sehr geschwind aus; und werden sie in der jetzigen Beschaffenheit gedüngt, so verzehren sie den Dünger in einem Jahre und erfordern deswegen eine starke Viehzucht, die nach Verhältniß des Futters nicht gehalten werden kann. Düngt man nun Felder, wie diese, die keinen Zusatz einer andern Erde haben, nicht immer, so bekommen sie ihre Schärfe wieder. Da folglich Felder in diesem Zustande schwerlich ein hinlängliches Futter liefern werden, so wird auch der Kostenaufwand so bald nicht wieder daraus erhalten werden können. Gesetzt, der Besitzer wollte nunmehr das Guth verkaufen, so würde er auf alle Fälle durch das neue Vorwerk dem Guthe einen größern Werth beylegen; allein der Käufer wird gewiß sagen, es sind leichte Felder, sie sind hitzig, sie wollen vielen Dung haben, und das Futter fehlt, und tragen endlich doch nur zweymahl. Denn ein Käufer sieht allemahl auf guten Boden und auf hinlängliches Futter, welches beydes hier fehlt. Dergleichen Felder tragen nur als Neubrüche in den ersten Jahren, wenn es Morgens thaut und Nachmittags regnet; in trocknen Jahren, wie 1790, verbrennt alles; demohngeachtet

achtet kann man den Kostenaufwand wieder gewinnen, nur muß man auf eine andere Weise zu Werke gehen.

Ich würde mit dem Fond von ohngefähr 1200 Thlr. die Besserung mit den Feldern angefangen und dann das Vorwerk erbauet haben. Das nothwendigste Stück bey dergleichen Verbesserungen ist die Kenntniß der unterschiedlichen Erdarten, welche die Hand zu einer ungleich vortheilhaftern Verbesserung biethen. In der Aue ist der schönste Lehmboden befindlich, die einzige nachhaltende Erdart zur Verbesserung der dortigen Sandfelder, weil nichts anders als Lehm die Fruchtbarkeit der Sandfelder bewirkt. Er düngt an sich selbst nicht, aber er hält die nährenden Theile des Dungs und die Gährung länger bey sich; Wind und Sonne können wegen mehrerern Zusammenhangs nicht so an die Wurzeln der Früchte bringen, und das geistige Wesen mit sich fortreissen und das Land austrocken.

Eine solche Verbesserung würde an jedem andern Orte eine weitläuftige und widersprechende Sache seyn, zumahl da man die weiten Felder mit Lehm befahren müßte, und dadurch das gute Auefeld zu verliehren schiene. Ich antworte aber, dieses Geschäft würde das Hauptguth ungleich mehr als das dazu gebaute Vorwerk in höhern Werth bringen, und im Gegentheil zehnmahl weniger kosten, als das Vorwerk. Der Beweis ist folgender. Wenn auf 1 Acker zu 300 Ruthen höchstens 10 Fuder Lehm aufgefahren würden, und 100 Acker brauchten diese Verbesserung, so wären dies 1000 Fuder Lehm. Da nun ein Fuder

der mehr nicht als 1 Gr. Arbeitslohn kostet, so beträgt es 1000 Gr. oder 41 Thlr. 16 Gr.; und daß die Fläche, woraus man den Lehm hauet, nicht groß wird, beweiset das gegenwärtige Loch, woraus 16000 Lehm-Backsteine nicht nur verfertiget, sondern auch noch dazu so manches Fuder zur Tünchung der Häuser gehauen worden ist, welches nur 4 Ellen Breite, 10 Ellen Länge und 4 Ellen Tiefe hat. Unter diesen Umständen würden nur 2 Acker Lehm, da er sehr tief gehet, zu gänzlicher Ueberfahrung aller dürftigen Felder nöthig seyn. Dieser Lehm aber könnte ganz bequem neben den Mistfuhren hingeschaft werden. Denn wenn täglich 7 Geschirre nur viermahl fahren, so sind beynahe 3 Acker fertig. Die nächsten Felder am Vorwerk müßte man zur Zeit der Braache überfahren, den Lehm auf denselben herumwerfen und alsdann eggen, damit er klar wird und egal zu liegen kommt. Im Frühjahr wird er endlich untergepflügt und Klee oder Esparsette darauf gesäet, so wäre für das Futter im künftigen Sommer gesorgt. Diß Verfahren verschaft noch den Vortheil, daß das Futter in der Nähe des Vorwerks ist. Wenn daher 12 Acker Klee tragen sollten und der Acker nur 2 Erndten, oder überhaupt 3 Fuder dürren Klee zu 20 Ctr. geben, so sind 36 Fuder oder 720 Crt. gewonnen. Auf 1 Stück Rindvieh 20 Crt., so könnten etliche 30 Stück Vieh überwintert werden. Da nun noch Kraut, Rüben und Erdbirn gebaut werden, so sieht man leicht ein, wie groß die Vortheile sind. Die Aue kann mit ihrem Futter für das Vieh des Hauptguths und für die Schäferey bestimmt werden, und man kann

sich,

sich, wenn alle Mühe auf den Futterbau auf der Höhe angewendet wird, dann die besten Erndten versprechen. Nur muß dabey auch mit auf Mistgauche aus der Absicht gesehen werden, damit den Feldern der Dünger nicht entzogen wird. Während der Zeit nun, da diese 12 Acker zwey Jahr ihr Futter getragen, müssen ebenfalls wieder andere Felder zum Futterbau bereitet werden; und jene werden nun umgepflügt und mit Getreide bestellt, welches gewiß eine ergiebige Erndte geben wird; übrigens muß aller Mist, der gemacht wird, auf geruhete Felder, zu Korn, Gerste ꝛc. genommen werden. Allein bey künstlichem Futterbaue muß noch folgendes beobachtet werden:

1) Muß man eine festgesetzte Anzahl Feld zu diesem Vorwerk bestimmen und diese in ordentliche Schläge eingetheilt werden, nehmlich: ein Theil zu Futter, ein Theil gedüngt, ein Theil zum zweyten Nutzen und ein Theil Braache.

2) Der Klee kommt allemahl in die Braache, welche nur so weit, als nöthig ist, besäet und allezeit ein anderes Stück dazu gewählt wird. Es ist zwar üblich, daß man den Klee entweder in Gerste oder Hafer säet; allein biß wäre hier fehlerhaft, weil die Gerste meistens der erste Nutzen ist, folglich würde das Land nicht recht genutzt. Der Futterbau darf den Getreidebau nicht schwächen. Es ist auch bey dergleichen neuen Anbauen aus andern Gründen rathsam, daß der Klee allezeit in die Braache gesäet wird. Denn, will man ihn unter das Sommergetreide säen, so muß man letzteres schwächer als gewöhnlich säen; trift es sich nun,

daß

daß der Klee nicht kömmt, so wird das Getreide mißlich stehen, weil zu wenig gesäet worden ist. Und welche täuschende Hofnung ists, wenn der Klee unter Sommergetreide gesäet wird? Es kommt hie und da ein Pflänzchen; man wartet, und glaubt, er wird sich erhohlen, und läßt dabey das Feld liegen; im Frühjahr zeigt sich auch wohl noch Hofnung, aber unbemerkt verschwindet der Klee und der Futtermangel reißt ein. Besser ist es unter diesen Umständen einmahl, man stürzt im Herbst nach der Erndte das dazu bestimmte Feld, damit die Stoppeln faulen, läßt es liegen, und säet im Frühjahr zeitig Klee hinein. Zeigt sich nun in 14 Tagen nichts, so ist der Acker doch nicht verlohren, sondern man kann ihn noch einmahl besäen, oder umreissen und Wickfutter ꝛc. dahin bringen. Allein wenn das Feld sonst Kräfte hat, und er hat sich nur etwas erhohlt, so ist es leicht ihm zu helfen.

3) Muß man sich bey solchen neuen Anbauen durchaus auf starken Krautbau nicht einlassen; denn ist je ein theures und zur unrechten Zeit nutzbares Futter gewesen, so ist es das Kraut. Das Feld dazu muß der Regel nach vor dem Winter gedüngt werden; es bleibt bis Johannistag unbenutzt liegen; es muß bearbeitet werden; durch Tagelöhner wird das Kraut gepflanzt, gehaufelt und gehackt; das Gesinde blättet, und Tagelöhner müssen es abhacken. Ferner ist es der Gefahr der Trockenheit, der Raupen und Schnecken, der Gefahr der Fäulniß oder des Frostes unterworfen. Es ist kostbar, weil Tagelöhner darauf gehalten

werden

werden müssen, weil es gestampft, aufgethaut oder gebrühet werden muß; es ist kostbar, weil die Hälfte faul wird; es ist kostbar, weil die Mägde sich den ganzen Tag mit Stampfen abgeben müssen, und wenig zu anderer Arbeit gebraucht werden können, da hingegen ein einfaches dürres Futter den Nutzen hat, daß mir die Magd zweymahl mehr Vieh in einer Stunde besorgen kann, als zwey Mägde in zwey Stunden, mit Krautfutter. Welche Vortheile hat daher der Klee oder anderes einfaches Futter?

4) Darf man neue Lehden nicht eher umreißen, bis die Felder wenigstens vollkommen gedüngt werden können. Denn das ist eine goldne Regel, wenig Feld tüchtig gedüngt und oft bearbeitet bringt Nutzen; durch das zu viele Umreißen der dortigen Felder, wird die Hüthung für Rindvieh und Schaafe geschmählert, welche beym Hauptguthe den wichtigsten Artikel ausmachen sollten, weil nie eins faul wird. Aus diesem Grunde können die Schaafe nicht nur länger genutzt werden, sondern sie werden auch als gesundes reines Vieh allemahl noch einmahl so theuer als Merzvieh bezahlt, denn man kann solche auch als Stammvieh brauchen. Wenn daher jährlich immer mehr Lehden umgerissen werden, wo bleibt alsdann die Weide? Die meisten Felder sind rein, wo soll da eine Heerde von 1200 Stück Nahrung haben? Diese müssen sich alsdenn von Rändern und Mäusehüthen sparsam erhalten; und der Schaafstand in 2 bis 3 Jahren mit 500 Stück schon vollzählig seyn.

Wenn daher von der bisherigen Weise des immerwährenden Umreißens abgegangen, dagegen Futrer angebauet, wenigstens 30 Stück Rindvieh nebst den Schöpsen auf das Vorwerk geschaft, die benutzten Kleeäcker als Getraideland benutzt werden; alsdenn erst kann sicher auf den Wiederersatz der Anwandskosten gerechnet werden.

---

7. Ueber den Zweck meiner ökonomischen Briefe und über die Eigenschaften eines guten Landwirths.

Dem Herrn Landkammerrath Löwe gewidmet.

Ihre Gedanken über die Bildung der Oekonomie in 2ten Theile Ihrer Cameral-Schriften S. 179 u. f. waren mir in mancherley Rücksicht zu merkwürdig, als daß ich sie mit Stillschweigen hätte übergehen können. Da Sie sich der Welt nicht nur als einen gründlich theoretischen ökonom. Schriftsteller und als einen ausübenden Oekonomen gezeigt haben, sondern auch von wißbegierigen Landwirthen gelesen werden, und ich mir ebenfalls schmeicheln darf, eben dieselben Leser zu haben, welche Ihre Schriften hochschätzen, so wird die Beantwortung Ihrer Aeußerungen über meine ökonomischen Briefe oder entdeckte Betrügereyen der Verwalter, hier gerade am rechten Orte stehen. Ohngeachtet Sie das Gesichtspunkt, welchen ich bey der Herausgabe der ökonom. Briefe vor Augen hatte, weit richtiger gefaßt und angegeben haben, als der Berliner Recensent, so ist doch nicht zu läugnen, daß manche Ihrer Aeußerungen von dem Inhalte meiner Briefe vielen Lesern einen unrichtigen Begriff beybringen. Uebrigens hoffe ich von Ihrer Unpartheilichkeit und Rechtschaffenheit, daß meine Beantwortung, wenn ich auch schon Ihren Meynungen nicht Beyfall geben kann, Sie eben so wenig beleidigen werde, als mich Ihre freundschaftlichen Aeußerungen beleidigt haben. Nach meinen Grundsätzen beleidigt mich Niemand, der mich im freundschaftlichen und nicht im hohnsprechenden Tone zu belehren sucht; und zu glauben, daß ich mein Wissen schon über alle Belehrung vervollkommt hätte, dazu gehört der höchste Grad vom lächerlichsten Eigendünkel, wovon ich nicht nur noch ganz frey bin, sondern auch nie eine dergleichen Meynung von mir bekommen werde.

Sie sagen am angeführten Orte S. 179 daß Sie nach Lesung meiner Briefe nachgedacht hätten, „warum sie wohl so häufig gelesen, auch von „Männern gelesen worden wären, die sonst „kein ökonomisches Buch zu lesen pflegten"? und beantworten diese Ihre im Nachdenken aufgeworfene Frage ganz kurz mit den Worten: „Wer „verstand einen anziehendern Titel zu wählen"?

Nach dieser Ihrer Antwort habe ich bloß meinem gewählten Titel einzig und allein den Beyfall zu danken und dem Inhalte, der folglich sehr gering seyn muß, gar nichts? Wie kann es aber möglich seyn, daß der Inhalt zum Verkauf von mehr als 3000 Exemplaren bey dem, wie Sie selbst wissen, kleinen lesenden ökonomischen Publicum nichts beygetragen haben sollte, da Sie doch einige Zeilen vorher von mir behaupten, Sie hielten mich für einen **gründlichen Oekonomen**. Woher konnten Sie denn die Gründe nehmen, mich für einen gründlichen Oekonomen zu halten? Aus dem **gewählten Titel** oder aus den von mir **vorgetragenen Sachen**, welche recht eigentlich auf die Führung einer guten Landwirthschaft abzwecken? Ja ich darf mit Recht behaupten, daß die von mir abgehandelten Sachen den gewählten Titel nothwendig machten, und gerade meinen Briefen den Werth gaben, welchen sie haben. Meinen Einsichten nach war es auch gewiß der **Titel nicht**, sondern die **Sachen**, welche Sie das unpartheyische Urtheil fällen ließen, weil Sie in den folgenden Zeilen wegen der Wahl des Titels so manche Beschuldigung mir machen, indem Sie sich zum Vertheidiger des ganzen mir gewiß recht **ehrenvollen Verwalterstandes** aufwerfen.

Der Grund, womit Sie Ihren Tadel und Ihre Vertheidigung unterstützen, ist: man greife nur einen ganzen Stand an und decke seine Fehler auf, so wird man gewiß vom Stande selbst und auch gewiß von mehrern gelesen.

Wer von meinen Briefen auch nur die Vorrede gelesen hat, wird sogleich überzeugt seyn, daß ich keinesweges den ganzen Stand anzugreifen willens gewesen bin; und wer sich gar die Zeit nimmt

die

die Briefe selbst zu lesen, der wird einsehen, daß ich überall nur von den schlechten, betrugvollen Verwaltern spreche. Daß viele unwürdige Glieder in diesem ehrenvollen Stande sind, muß hoffentlich jeder unpartheyische, mithin auch Sie, aus Erfahrung wissen, wenn er anders im praktischen ökonomischen Fache Beobachtungen angestellt hat. Allein, daß es leider mehrere unwürdige Glieder giebt, als ich selbst anfangs vermuthete, hat die Wirkung gezeigt, welche die Briefe nach ihrer Erscheinung thaten. Mit einem Worte, man fühlte sich getroffen, man konnte die Wahrheit der Sache nicht abläugnen, und deswegen sahe man scheel auf den Verfasser, behauptete nichts Neues darinnen gefunden zu haben, — denn Sie selbst sagen S. 183 ꝛc. „prüfe jeder sich selbst, was er gelesen „und entdeckt hat" — legte dem Verfasser unedle Absichten bey, sprach ihm Moralität ab und tadelte endlich den Titel. Zum Troste und zur Beruhigung dieser Tadler sey es hier gesagt, daß es bey der folgenden dritten Auflage, wenn sie nöthig seyn wird, anstatt der Verwalter, vieler Verwalter heißen soll. In Ansehung der übrigen Beschuldigungen wird mir die Widerlegung eben so leicht, weil es eine gute Sache betrift, die man so gern zur schlimmen gemacht hätte.

Es war mir in der That unerklärbar, die oben gedachte Aeußerung: prüfe jeder sich selbst, was er gelesen und entdeckt hat, zu finden; und einige Zeilen darauf, als die Rede von der Schuld der

Herren iſt, wenn ſie die Verwalter betrügen, das Urtheil von Ihnen zu leſen: diß, vornehmlich die Schuld der Herren, hat der Verf. der Briefe an mehrern Orten ſehr richtig gezeigt. — Der ganze Grund aller Beſchuldigung liegt alſo in dem Titel.

Da ich vorausſetzen mußte, daß Sie meine Vorrede würden geleſen haben, ſo wunderte ich mich um ſo mehr, daß Sie neue Entdeckungen von mir verlangen, deren denn doch wohl, ich ſage dieß ohne allen anmaßenden Stolz, auch für manchen einſichtsvollen Oekonomen in meinen Briefen vorkommen. Mein Vorſatz war auch nicht, alle Hintergehungen darzuſtellen, weil ich durch Veröffentlichung der ſehr wenig bekannten und ſehr ſinnreich angelegten zur gröſſern Verbreitung und Ausübung derſelben hätte veranlaſſen können. Uebrigens gebe ich Ihnen ſehr gern zu, daß die von mir bekannt gemachten und noch viele andere Hintergehungen allen Verwaltern, Amtleuten ꝛc. nebſt ihren geübten Aufſehern längſt bekannt ſind. Aber ſchrieb ich denn für dieſe meine Briefe? Hatte ich bey der Herausgabe derſelben Guthsbeſitzer vor Augen, die ſo vollkommene Kenntniſſe der Landwirthſchaft haben, als Sie S. 184 u. 189 anführen, oder ſolche, die erſt anfangen zu wirthſchaften?

Gewiß waren es die letztern, von welchen Sie ſelbſt S. 188 ſagen, daß ſie ihre Lehrjahre ſehr theuer bezahlen müſſen, welches jede Seite meiner Briefe beweiſet. Für dieſe enthalten nun die Briefe ſowohl in Rückſicht der Wirthſchaftskenntniſſe als auch

auch in Rücksicht der über ihre Wirthschaftsbediente, zu führenden Aufsicht.

Ein angehender Güthsbesitzer oder welches einerley ist, ein angehender Landwirth, aber vermöge seiner Verhältnisse die Landwirthschaft nicht durch Uebung erlernen kann, sondern sie entweder aus dem Umgange mit Landwirthen oder aus Büchern erlernen muß, hat große Hindernisse zu überwinden. Meistentheils sind die ihn umgebenden Landwirthe bloße Empiriker oder auch nur Leute von Routine, die noch obendrein öfters seine Untergebenen sind, und von diesen wird seine Wirthschaftskenntniß langsamer als er wünscht erweitert werden. Ein solches Verhältniß kann auch dem Herrn sehr oft nachtheilig werden, wenn seine Untergebenen nicht recht gut gesinnte Menschen sind, die sich eine Ehre daraus machen ihre Kenntnisse andern aufrichtig mitzutheilen, wenn sie auch schon nicht immer die Gründe angeben können, warum gerade so und nicht anders gehandelt werden muß. Es bleibt ihm also zur richtigen und geschwinden Vervollkommnung seiner Wirthschaftskenntniß nichts übrig, als Wirthschaftsbücher: und — hinc illae lacrymae. Wie sehr man von diesen Wegweisern irre geführt wird, und wie oft man anstatt der verheissenen goldenen Berge mit genauer Noth Sandberge gewinnt, weiß ich aus Erfahrung und jeder Leser ökonomischer Schriften wird mir beypflichten müssen.

S. 189 werfen Sie die Frage auf, ob es mit strenger Moralität und Klugheit zu reimen sey, wegen entdeckter Laster einzelner Glieder eines ganzen Standes, nun den ganzen Stand anzugreifen, wann von diesen Lastern die Rede sey.

Daß ich nicht den ganzen Stand angegriffen habe, beweiset das oben angeführte und meine Briefe selbst, und was die Moralität und Klugheit anbelangt, so antworte ich, daß alles dasjenige moralisch sey, was ist, weil der Wille da ist; oder alles vom Willen Abhängige, alles Gewollte ist sittlich im allgemeinen Sinne.

Sittlichkeit oder Moralität ist mithin die Abhängigkeit vom Willen, und die Sittlichkeit einer Absicht und Handlung ist also der Charakter ihrer Abhängigkeit vom Willen. So sagt man z. B. es ist Sitte, es ist gebräuchlich, d. h. so bringt es der Wille der Menschen mit sich. Daher ist im Gegentheil nichts sittlich als nur das Vernünftige; also nur Absichten, Handlungen und Unterlassungen nach dem großen und jedem heiligen Vernunftgesetze und um des Vernunftgesetzes willen.

Dieses große und heilige Gesetz der Geistesnatur, an welches sie ewig alles Wollen und alle Absichten gebunden wissen will, ist aber kein anders als dieses: dein Wille wolle oder handle und bewege sich unerschütterlich nur nach Gründen oder Regeln, und Absichten, welche du ohne Widerspruch mit dir selbst zu deinen ewigen Handlungsgründen und Absichten machen kannst! oder mit andern Worten: handle nur nach solchen

Grün-

Gründen und Absichten, mit welchen du das heilige Recht der Menschheit auf Wachsthum an Geistesgröße bey dir und andern beförderst, aber ja nicht verletzest.

Da nun jede sittliche Absicht, Handlung und Unterlassung Pflicht ist, und umgekehrt alle Pflichten wahre Sitten sind, Verpflichtung selbst Sittlichkeit ist, so sehe ich nicht ein, warum die Herausgabe meiner Briefe, wo ich die Fehler der untreuen Verwalter aufdecke, nicht mit der Moralität bestehen solle. Ich habe durch diese Briefe nicht nur den Wachsthum an Geistesgröße zu befördern gesucht, sondern bey denjenigen, für welche meine Briefe zunächst geschrieben sind, wirklich befördert und das Recht der Menschheit auf keine Weise verletzet. Meine Absicht war vernünftig und mithin auch sittlich. Da ihrem eignen Geständnisse nach, nicht jeder neue Landwirth die Kunst versteht, in seinem Fache gelehrter zu scheinen als er ist, welche ihm doch den größten Nutzen bringen würde, so schrieb ich eben deswegen meine Briefe für noch unerfahrne Guthsherren, und ich bin überzeugt, daß sie bey der Befolgung der gegebenen Vorschriften, wenig Fehler machen und viel weniger Schaden leiden werden.

Wenn man den Grad der Verschuldung recht und billig bestimmen will, so muß man untersuchen woran man die Wichtigkeit und Güte einer vernünftigen oder unvernünftigen Handlung erkenne und was eine vernünftige Handlung erleichtere oder die unvernünftige erschwere: denn beydes ist eins.

Da man nun die Wichtigkeit und Güte einer Absicht und Handlung einzig und allein aus der Menge ihrer natürlichen Folgen für das Wachsthum der wirklichen Vernünftigkeit erkennt, weil dieses Wachsthum der Zweck des Vernunftgesetzes, folglich der einzige richtige Maasstab von der Güte der Folgen ist; da bey Berechnung der Folgen nur darauf gesehen wird, wie andere freye Wesen in Rücksicht auf unsre Veranlassungen die Folgen fortsetzen werden, so wird man meine Absicht bey der Herausgabe der ökon. Briefe, nach diesen Grundsätzen geprüft, gewiß nicht unsittlich oder unmoralisch finden.

Ich stellte böse Beyspiele eines Standes, aber ohne sie namentlich zu nennen, auf, um dadurch bey Guthsbesitzern Aufmerksamkeit zu veranlassen. In wie fern aber meine Veranlassung viel oder wenig Folgen gehabt hat und noch haben wird, das kann ich aus Mangel an Allwissenheit nicht bestimmen; so viel aber weiß ich gewiß, daß sie viele und gute Folgen gehabt und manchen Landwirth aufmerksam gemacht hat, mithin habe ich meinen Zweck durchaus nicht verfehlt.

Allgemein bekannt ist es, daß die Erleichterung des Thuns oder Unterlassens einer Handlung nur an dem Daseyn oder Nichtdaseyn der Mittel und aus dem schon wirklichen oder leicht zu erlangenden

den Besitz der Hülfsmittel zu einer Handlung er:
kannt werden kann, um durch diese Mittel das
Gesetz, den Fall, die Folgen der Handlung und ihre
Beziehung auf das Gesetz anzuerkennen. Hier kenne
ich nun zur leichten Anerkennung, zur Erleichte:
rung des Thuns einer Handlung keine allgemeinern
Mittel als Belehrungen durch Bücher, Perso:
nen, Erfahrungen an sich und andern, Ge:
wissensrügen, Aufmerksamkeit anderer, und
Aufforderungen der Umstände zum Aner:
kennen der Fälle und zu Handlungen. Von
allen diesen wählte ich das wirksamste, und zwar
auf die beste Art, die Belehrungen durch Bücher.

Unsittlich und zweckwidrig würde es gewesen
seyn, wenn ich Ihren Vorschlag S. 181. nennt
einzelne Schurken, rügt ihre groben und feinen
Ränke, brandmarkt sie öffentlich: ausgeführt
hätte. Nicht zu gedenken, daß durch das nahment:
liche Aufführen eines betrügerischen Verwalters die:
ser infamiam juris bekommt, und ihm alle Wege
zu seinem Unterhalte versperrt, und die Versuche
ihn zu bessern unmöglich gemacht werden, so habe
ich aus langer Erfahrung, der gewiß alle Beobach:
ter beystimmen, wahrgenommen, daß die öffent:
liche nahmentliche Beschimpfung dieses oder
jenes einzelnen Ichs in der Regel nicht bessert
sondern verschlimmert.

Ich hätte auch nicht klug gehandelt, wenn ich
meine Originale mit Nahmen genannt hätte: denn
welche

welche Verdrüßlichkeiten würde ich alsdenn erst erfahren haben, da ich deren itzt schon genug gehabt habe, weil ich aus nicht genug strenger Beobachtung der Klugheit meine Originale noch zu deutlich schilderte.

Klugheit oder das Wissen und zweckmäßige Gebrauchen der Mittel des Guten setzt nothwendig wahre Weisheit oder das Wissen, Anerkennen und Wählen des in aller Rücksicht wahren Guten voraus. Ohne wahre Weisheit, die das Licht der Klugheit seyn muß, ist alles Wissen und Wählen der Mittel zu Endzwecken, Klügeley, und wo diese ist, da ist Thorheit, und die Wahl unzweckmäßiger Mittel zur wahren Weisheit oder der ungeschickte Gebrauch geschickter dazu dienlicher Mittel ist Unklugheit.

Die Regel wornach jeder wahre Kluge handeln muß, ist: diene und folge der wahren Weisheit streng und unverrückt. Betrachte ich meine getroffene Wahl der Mittel, wodurch ich das wahre Gute, die Verringerung der Bevortheilungen der Guthsbesitzer und ihre Belehrung bewirken wollte, so kann ich nach obigen vorausgeschickten Grundsätzen mir unmöglich weder Klügeley, noch Thorheit nach Unklugheit vorwerfen. Und wenn mich andere aus dem rechten Gesichtspunkte und nach richtigen Grundsätzen beurtheilen, so werden auch diese mir fernerhin ähnliche Beschuldigungen nicht mehr machen.

Was

Was Sie S. 181 von den Empfindungen oder Gefühlen des reinen Mitgliedes eines angeschuldigten Standes sagen, kann weder von verständigen noch vernünftigen Gefühlen, sondern einzig und allein von dem sinnlichen, dummen, körperlichen Gefühle oder Empfindung verstanden werden, welche die Moralphilosophen pathologische Gefühle nennen. Sie sind solche, die durchs bloße noch ganz dumme Selbstanschauen wirklich werden, welches die Dinge mit den eingewirkten Empfindungen erregen. Die Seele verhält sich dabey ganz leidend ohne den geringsten Gebrauch der Verstandesurtheile oder des Selbsterkennens, und es ist einleuchtend, warum diese Gefühle gewöhnlich körperliche und sinnliche Gefühle genennt werden.

Alles was Sie in dem Folgenden über die Bildung der Guthsbesitzer zu Oekonomen insbesondere, und von der Bildung eines Oekonomen überhaupt gesagt haben, übergehe ich und theile daher nicht nur meine, seit der Ausarbeitung der ökonomischen Breise, niedergeschriebenen Gedanken über die Bildung des Oekonomen mit, sondern auch als Anhang den Aufsatz eines französischen Landwirths über den nähmlichen Gegenstand.

Im Ganzen genommen haben Sie in Ihrem Aufsatze über die Bildung der Oekonomen, S. 179 bis 197 im II. Theile der ökonomisch-cameralistischen Schriften, Breslau 1789 nur dasselbe, aber mit einigen erweiternden Nebenumständen vorgetragen, was ich bereits im 1sten Bande meiner

ökonom.

ökonom. Briefe S. 112. erste Auflage, Leipz. 1787. und 2te. Auflage 1788 S. 117. vorgetragen hatte, worauf ich also meine Leser verweise. Am kürzesten hat wohl ohnstreitig Xenophon in seinem Buche vom Hauswesen die Pflichten eines guten Hauswirths gelehrt. Es sind zusammengedrängt folgende:

Ein jeder Landwirth, er sey Eigenthümer oder Diener, muß vor allen Dingen vom Ackerbau und Wiesenbau, von der Viehzucht, vom Bierbrauen und Brandteweinbrennen, vom Ziegelstreichen, vom Kalkbrennen, vom Obstbau, vom Weinbau, vom Hopfenbau und von der Teichwirthschaft vollkommen richtige Kenntnisse haben, von der Forstwirthschaft und Küchengärtnerey aber muß er wenigstens eine richtige Uebersicht haben, damit er in beyden landwirthschaftlichen Zweigen den diesen Theilen vorgesetzten Personen nicht entgegen handelt, und dadurch dem Herrn Schaden verursacht.

Der Charakter muß durchaus gut oder sittlich, mithin rechtschaffen seyn. In diesem Falle wird er weder ausschweifende Schmausereyen, Trinkgelage, Spiel u. s. w. noch Nachlässigkeit und Faulheit lieben. Er wird gegen jeden von seinen Untergebenen ein kluges Mistrauen hegen, ohne sich dasselbe merken zu lassen, und jeden mit gleicher unpartheyischen Strenge oder Güte behandeln. Eines der vorzüglichsten Mittel, sich die Liebe seiner Untergebenen zu erwerben, ist, jedem seinen verdienten Lohn zur bestimmten Zeit zu ertheilen und die versprochene Beköstigung reichlich, gut, ohne alle Schmälerung und zur festgesetzten Stunde unveränderlich zu geben.

Es

Es ist ein nicht seltener Fehler, daß manche Landwirthe ihre Leute z. B. heute um 10, morgen um 11 ein andermahl um 1 Uhr aus dem Grunde speisen, weil sie gerade mit einer angefangenen Arbeit fertig werden wollen. Ein solches Verfahren zeigt allemahl, daß der Aufseher seine zuverrichtende Arbeit nicht übersieht, und nicht weiß, wie viel Kräfte zur Vollendung derselben nöthig sind. Bey den Untergebenen aber führt es Unordnung und Nachläßigkeit ein; ja dergleichen Arbeiten werden gemeiniglich auch schlecht verrichtet. Ueber beydes behalte ich mir vor, ein andermahl weitläuftigere Beweise zu führen.

Der Landwirth muß endlich früh der Erste auf dem Hofe und Abends der Letzte im Bette seyn; nie müßig gehen, und bald hier bald da in seiner Wirthschaft gegenwärtig seyn.

Die Landwirthin braucht ausser der Kenntniß im Kochen, Backen und Waschen nur richtige Begriffe von der Vieh- und Federviehzucht zu besitzen, übrigens aber müssen ihr neben vollkommenem Gehorsam alle Eigenschaften des Hauswirths eigenthümlich seyn.

Mit Recht wird man nun fragen, wo bekommt man dergleichen Leute her, und wie erzieht man dieselben? Von beyden habe ich in meinen oben angeführten Briefen das Wesentlichste gesagt. Eine weitläufige Anweisung dazu, nebst dem Plane zur praktischen Erziehung junger Oekonomen, werde ich noch in diesem Jahre öffentlich bekannt machen, sobald mein Institut eingerichtet seyn wird. Und nun zur Abhandlung des Franzosen.

Ueber

8. Ueber die Eigenschaften eines guten Landwirths und seiner Frau; vom Herrn *de Sutieres.*

Unter einem guten Landwirthe verstehe ich den, der mit Einsicht und Ordnung Landgüter verwaltet; ein Stand, worin man seine Talente und Rechtschaffenheit auf der glänzendsten Seite zeigen kann. Aber welches Studium, welche Eigenschaften gehören dazu, um den Namen eines würdigen Oekonomen zu erhalten! Er soll nichts unternehmen, wovon er nicht mit Gewißheit weiß, daß er es durch die einfachsten Mittel werde bewerkstelligen können. Er muß den Aufwand den er zu machen hat, genau nach der in Händen habenden Summe berechnen, muß die Angelegenheit die seine Mitwirkung erfordern, von denen zu unterscheiden wissen, die von selbst gehen, muß die günstigsten Umstände zu seinen Unternehmungen benutzen, muß den Aufwand nach Befinden der Umstände einschränken oder vermehren, auf seine Leute und Tagelöhner immer ein wachsames Auge haben, damit sie nicht nur nicht ihre Zeit verderben, sondern auch, um durch seine Kenntnisse und Thätigkeit ihrer Unwissenheit und Nachlässigkeit zu Hülfe zu kommen. Auch muß er die Kraft mit dem

Widerstande zu vergleichen wissen, um die bewegenden Kräfte nicht zu sehr zu vervielfältigen und Achtung geben, daß nicht eine Operation die andere schwäche; denn nie muß das Detail ihn von dem Hauptzweck entfernen.

Ein geschickter Oekonom, oder der es werden will, muß die Beschaffenheit des Bodens, den er bauen will, das Klima, die Lage, den Bau der Getraidearten, die in seiner Gegend am mehresten consumirt werden, die ungefähre Volksmenge derselben, ihren Karakter und Handel, kurz die Gegenstände, die am theuersten verkauft werden, kennen.

Alle diese Kenntnisse scheinen weiter nichts zu seyn, als ein gewöhnlicher Mechanismus und bloße Routine; und doch besteht der Unterschied zwischen der Haus- und Staatswirthschaft allein darin, daß die eine bloß mehr als die andere in sich begreift. Der Souverain auf dem Throne, ein Herr auf seinem Gute, ein Hausvater im Schooße seiner Familie haben jeder die nemlichen Pflichten zu erfüllen.

Ist nicht ein Verwalter, ein Oekonom auf einem Gute der Vater einer zahlreichen Familie, ein Hausvater der Repräsentant eines Herrn, und muß er nicht als solcher eine Harmonie großer Bewegungen einzurichten wissen, die alle seiner Sorgfalt anvertraueten Gegenstände umfassen können.

Ueberdies muß der Oekonom vollkommen den Geist des Details besitzen, muß alle beim Ackerbau nöthige Sachen kennen, mit allen Ackerwerkzeugen umzu-

umzugehen und selbst den Pflug zu führen wissen. Er muß durchaus die für die verschiedenen Feldarbeiten schickliche Zeiten kennen; sonst würden seine Leute nur mit Widerwillen arbeiten und über ihn spotten, daß sie zur Unzeit dies oder jenes thun sollen. Er würde sich auf andere verlassen müssen; ein wahres Unglück für einen Herrn, der es mit seinen Untergebenen dahin kommen läßt! Denn nun sieht er diese sich, ihrer Unwissenheit ungeachtet, auf seine Unkosten und oft zum Schaden der Ländereien, die er bauen läßt, bereichern.

Auch muß der Verwalter auf dem seiner Sorgfalt anvertraueten Gute wohnen, und darf sich nur in nöthigen Fällen entfernen. Er muß thätig und munter seyn; denn gewiß sind es seine Untergebenen nicht, wenn er sie nicht dazu macht; und gewiß werden sie spät aufstehen, wenn er lange schläft, statt daß, wenn er zuerst aufsteht und sie zur Arbeit anführt, mehrere Stunden, die sie würden verschlafen haben, zur Arbeit angewendet werden. Den Tag über muß er sich, das Wetter mag so schlecht seyn als es will, verschiedenemal überall zeigen, wo seine Leute beschäftigt sind: denn dies allein macht sie hurtig und befördert die Wohlfeilheit der Arbeit; und Abends muß er noch vor dem Schlafengehen jedem Besonders seine Befehle geben, damit sie sich zu den ihnen aufgetragenen Geschäften geschickt machen können.

Die Mahlzeiten des Landwirths richten sich nach der Jahrszeit und der Landessitte; und sollten so viel

viel möglich, immer zu bestimmten Stunden gehalten werden. Gienge es nach meinen Wünschen: so würde die erste Mahlzeit früh um neun, die zweyte um ein Uhr, die dritte um fünf und die vierte um neun Uhr eingenommen werden; von der Mitte des Octobers bis in die Mitte des Februars aber die erste vor Tage, um bei anbrechendem Tage gleich zur Arbeit gehen zu können, die zweyte zu Mittag und die dritte bei anbrechender Nacht, um die kurze Zeit da es Tag ist, recht zu benutzen.

Nach dem Abendessen muß jeder von seinen Leuten dahin gehen, wohin das ihm anvertrauete Vieh ihn ruft, um es abzuwischen, die Streu zu machen, die Rauffen und Krippen anzufüllen ꝛc. Unterdessen muß der Verwalter nachsehen, denn nichts macht das Vieh so fett als des Herrn Auge. Hat er alles besehen, alles untersucht: so muß er im Winter, wo die Abende lang sind, Männer, Weiber und Kinder zusammen kommen lassen, um sie mit Arbeiten zu beschäftigen, die zu keiner andern Zeit gethan werden können; die Mannspersonen zerschneiden und spalten Holz zu Pfählen, machen Spitzen an alte, beschneiden Reben, spalten Weiden, und bessern Geschirre aus; die Weibspersonen brechen Hanf, spinnen, stricken, flicken Kleider; und die Kinder thun sonst etwas, was man ihnen anvertrauen kann.

So wie der Oekonom zuerst aufsteht: so muß er sich auch zuletzt niederlegen, um darauf zu sehen, daß alle sogleich zu Bette gehen und die Lichter gut ausgelöscht werden. Wie viel Unfällen würde man ausweichen, wenn alle darauf aufmerksam wären!

In den Regen- und Schneetagen muß der Oekonom alle seine Leute dazu brauchen, alle Acker-Weinberg- und Garteninstrumente in Stand zu setzen, die Ställe auszubessern, u. s. w. damit man die schönen Tage nützlich anwenden könne und sie nicht zu dergleichen Arbeiten anwenden müsse.

Aus dem Betragen des Oekonomen gegen seine Untergebenen und gegen die Nachbarn, und aus der Anwendung der Zeit läßt sich leicht abnehmen, ob er einen festen Karakter und Verstand habe, ob er Ordnung und Ruhe liebe; ob er gelind gegen seine Leute sey, ihnen nie im Zorne einen Befehl gebe, ob er freundschaftlich mit ihnen rede, ob er mit ihnen umgehe ohne vertraut mit ihnen zu werden, welches immer Verachtung nach sich zieht; ob er, ungeachtet er seine Superiorität fühlt, kein Bedenken trägt, andere um Rath zu fragen, ohne sich durchschauen zu lassen (da er sich immer das Recht vorbehalten muß, in allem zu entscheiden, weil seine Untergebenen selten fähig sind, einen etwas weitläuftigen Plan zu entwerfen und zu beurtheilen); ob er endlich sich zugleich Liebe und Ehrfurcht erwerben könne. Nach allen diesen Beobachtungen ist man im Stande, über seinen Karakter zu urtheilen.

Fodert er nie etwas zur Unzeit, weiß er jeden Untergebenen gehörig zu schätzen und die Geschäfte anzuweisen, wozu er bestimmt ist, (ein sicheres Mittel

tel dem großen Uebelstande abzuhelfen, daß sich einer auf den andern verläßt und die Arbeit liegen bleibt;) braucht er zu einer Arbeit nie mehr Leute, als nöthig ist: so kann man behaupten, daß er die Anwendung der Zeit verstehe.

Sucht er nie etwas von den Nachbarn an sich zu reißen, immer Ruhe zu erhalten und in gutem Verständnisse mit ihnen zu leben; weiß er die Beleidigungen seiner Neider zu ertragen, und sucht er ihnen, statt sie misvergnügt zu machen, nützlich zu seyn, ohngeachtet er weiß, daß sie es ihm nicht danken werden: so kann man sicher darauf rechnen, daß er nie jemandes Ruhe stöhren werde.

Dies sind die Eigenschaften eines Landwirths; aber es giebt ausserdem noch andere Pflichten, die nicht weniger wesentlich sind, und deren Erfüllung nicht von ihm abhängt. Kann er, da er unaufhörlich auswärts beschäftigt ist, auf sein inneres Hauswesen acht haben? Er braucht also eine Gesellschafterin, und glücklich ist er, wenn der Himmel ihm eine sanfte, kluge, zu seiner Unterstützung geschickte Frau schenkt, die sich nach seinen Absichten bilden will.

Eine Frau, die ihrem Manne diese Eigenschaften zur Mitgabe bringt, ist ein vorzüglicher Schatz. Denn von der Ordnung und der Einigkeit, die sie stiften wird, hänge der Ueberfluß, das gute Verständniß und das Glück in ihrer Wirthschaft ab. Der Hausvater mag gegenwärtig oder abwesend seyn, so hat sie Pflichten zu erfüllen; ihre Thätigkeit, ihre

Cc 3   sichten

sichten und Reinlichkeit erfordern. Sie wird oft ihre Spazziergänge dahin einrichten, wo die Leute und Tagelöhner beschäftigt sind, um zu sehen, ob und wie sie arbeiten. Da sie Vorstellungen machen darf, wenn es nur mit Sanftmuth geschieht: so wird man ihr gern gehorchen, wenn sie nur die Sache versteht, wozu sie durch öftere Untersuchung der Arbeiten gelangen kann. Aber ihr Hauptstudium und fast einzige Beschäftigung ist die Sorge für das Vieh. Welche kleinliche Bemühungen erfordert die Zucht der verschiedenen Arten desselben! Wie viel Thätigkeit ist dazu nöthig, auf alles acht zu haben; was für Kenntnisse braucht sie zu wissen, was sich für jede Art schickt und um nichts zur Unzeit zu thun! Bloß der einzige Artikel: Milch, ein wichtiger, und vorzüglich in der Nähe großer Städte einträglicher Gegenstand, erfordert ein besonderes Studium. Was für Sorgfalt, Aufmerksamkeit und besonders welche Reinlichkeit gehört dazu! Ein andrer eben so nöthiger Artikel ist die Wollschur und die Benutzung des Hanfes und Flachses. Dieser Gegenstand geht bloß die Wirthschafterin an; sie darf sich dabei auf niemand verlassen, und alles muß unter ihren Augen zubereitet werden; auch muß sie den Gebrauch der verschiedenen Arten von Wolle und Hanf kennen. Es giebt Wolle von verschiedener Güte; die eine ist feiner, gleicher, seidenartiger, reiner als die andere; es giebt längere und stärkere; jede muß die Wirthschafterin kennen, um sich, wenn sie die bei Seite gelegt hat, die sie brauchen will, beim Verkaufen nicht betrügen zu lassen. Eben so ist es beim Hanfe und

und Flachſe; aus einer Art können nur Stricke, aus einer andern aber kann Leinwand von verſchiedener Güte gemacht werden; von allen dieſen Arten muß ſie ſogleich beim Anſehen den Gebrauch beſtimmen können. Auch beim röſten, welches man gewöhnlich für bloße Routine hält, muß ſie die Aufſicht führen, weil davon die Schönheit und Güte dieſer ſo nöthigen Materialien abhängt.

Eine andere Beſchäftigung, die ihr vorzüglich obliegt, iſt die, die Aufſicht über die Mägde zu führen. Schlechte Aufführung, allerlei Schaden, Zeitverderb und Unreinlichkeit ſind eine unausbleibliche Folge der geringſten Nachläſſigkeit in dieſer Aufſicht; ſie muß alle Waaren und die Leinwand immer unter dem Schloße halten, um ſie nur zur rechten Zeit auszutheilen. Sie darf ſich eben ſo wenig gänzlich auf ihre Mägde verlaſſen, in Sachen, die ſie beſonders angehen; darf ſie nicht Brodt backen laſſen, ohne zu ſehen, ob ſie nicht das für die Herrſchaft beſtimmte Mehl mit dem für ihre Leute vermiſchen und ob ſie nicht etwa Kuchen backen. Sie muß ihnen die zur Lauge nöthige Seife geben und ſich alles übrige wieder geben laſſen.

Auch die Bienen und Seidenwürmer erfordern ihre Aufmerkſamkeit. Beydes kann, wenn man ſorgfältig dabey zu Werke geht, einträglich werden; und die Aufſicht über das Obſt, die Milch, Butter und Eier und alle Arten von Geflügeln erfordern Kenntniſſe, von denen ich ein andermal umſtändlicher ſprechen werde.

Für jetzt sehe man dies als einen Beweiß an daß Wirth und Wirthin gemeinschaftlich auf alles Acht haben müssen, was zur größten Wirthschaft, und zur guten Ordnung gehört, ohne welche ein Haus nicht lange bestehen kann. Oft sieht man, daß Leute sich unglaubliche Mühe geben, Reichthümer aufzuhäufen und doch ihren Zweck verfehlen, weil sie ohne Plan handeln. Viele vernachläßigen kleine Vortheile weil sie keine großen erhalten können, da es doch gewiß ist, daß wenn man kleine Gewinne bey der Landwirthschaft vernachläßigt, man endlich beträchtlichen Verlust erleidet und in großes Elend geräth. Wer aber bei seiner Wirthschaft den Grundsatz hat, daß man mit Wenigem nicht viel auf einmal gewinnen könne, und alle kleine Vortheile benutzt, kommt unmerklich zu einem ansehnlichen Kapitale. Leute von der Art sind die wahren Adepten: denn das Meisterstück der Landwirthschaft ist, nichts umkommen zu lassen, wenig zu kaufen und viel zu verkaufen.

---

9. Ueber

9. Ueber die fehlerhafte Behandlung der Milch und Sahne vor dem Buttern und über die daraus entstehende schlechte Butter und die hohen Preise derselben.

Unter allen den nothdürftigsten Lebensbedürfnissen, welche die Landwirthschaft liefert, hat wohl keines seit zehn Jahren im Ganzen mehr an Güte abgenommen und ist im Preise mehr gestiegen, als die Butter. Diese Erfahrung kann man nicht nur in den Gegenden aller volkreichen sächsischen Städte, sondern auch im Auslande machen, wo eben dieselben Klagen geführet werden.

Zum Beweise meiner letztern Behauptung wähle ich, als das neueste mir bekannte Beyspiel, das 4te Stück des 7ten Bandes des Götting. histor. Magazins der H. H. Meiners und Spittler. Hier werden S. 739 f. f., zwar nur vorzüglich an die Landwirthe des fruchtbaren Thals, welches die Leine durchströmt, einige ökonomische Fragen gethan; allein man kann sie auch an alle andere Landwirthe, und besonders an Landwirthe aus Gegenden volkreicher Städte thun, weil sie Klagen über die schlechte Beschaffenheit der Butter und ihren theuern

Preis enthalten, welches ein Ereigniß ist, das um so mehr einer nähern Untersuchung verdient, da beyde Mängel täglich zunehmen und täglich für den Städtebewohner und den nicht Vieh haltenden Landbewohner immer drückender werden.

Der letztere empfindet dieses Uebel noch weit mehr als der erstere, weil er oft nicht einmahl Butter zum Kauf erhält, und selten ein anderes die Stelle der Butter vertretendes Fettwerk bekommen kann; da hingegen der Städtebewohner unter der zugebrachten Butter sowohl die Auswahl als auch anderes Fettwerk in Menge zum Kauf hat.

Der Göttinger Anfrager beklagt sich besonders darüber, daß die Butter nicht so fett und so wohlschmeckend, und nicht so schön von Farbe, als die gute holländische oder bremische, schwäbische und fränkische Butter, sondern weiß, mager und mehr käseartig sey, auch noch dazu nach einem oder zwey Tagen den geringen Grad von Wohlgeschmack verliere. Hier in Leipzig kann man dieselben Klagen von der Butter aus der umliegenden Gegend anstimmen, welche der Auenbutter und der über Borna und Colditz, aus dem angränzenden Gebirge zu uns gebrachten bei weitem nicht gleich kommt.

Von dieser Schlechtheit der Bauerbutter, nimmt der Göttinger Anfrager und zwar nicht ohne Grund, zur Ursache an, daß die meisten dortigen Bauern, oder kleinen Landwirthe wenig Vieh hätten und daher auch wenig Milch zum Buttermachen übrig behielten, so daß sie das wenige rohe Materiale zum

But-

Buttermachen zu lange sammeln müßten. Dieser Umstand verursacht freylich, daß die Butter übelschmeckend wird, weil die Sahne durch das zu lange Stehen einen bittern und sauern Geschmack annimmt. Und dies gilt auch von unsern meisten sächsischen kleinen Landwirthen, die nur 2 bis 4 Kühe halten. Denn wenn man auch durch langerprobte Erfahrung annimmt, daß eine gesunde Milchkuh von 8 bis 12 Jahren, als das beste Nutzungsalter der Kühe, täglich 6 Kannen Milch giebt, wovon man täglich 3 Kannen zum häuslichen Verbrauch rechnen muß, und sieben Kannen Milch erst eine Kanne Rohm oder Sahne liefern, wovon sechs zu einer Kanne oder 2 Pfund Butter nöthig sind, so muß ein solcher kleiner Landwirth im Sommer bey zwey Kühen schon eine ganze Woche sammeln, ehe er eine Kanne Butter erhält. Noch muß ich hierbey erinnern, daß ich von Kühen rede, welche auf die Weide getrieben werden, welches bis itzt noch die allgemeine Sitte ist. Im Winter gehet es wegen der Milchbehältniße nicht besser. Es ist bekannt, daß man in den besten Kellern im Winter die Sahne höchstens acht und im Sommer nur drey bis vier Tage süß und wohlschmeckend erhalten kann.

Da nun bey großen Landgüthern und bey landesherrlichen Aemtern diß die Ursache nicht seyn kann, so wird in dem angeführten Orte bey großen Viehwirthschaften die Seltenheit des Kleebaues und die Vernachläßigung der Wiesen etwas unbestimmt zur allgemeinen Ursache von der Schlechtheit der

But-

Butter angegeben. Ich sage mit gutem Bedacht etwas unbestimmt, weil beydes nur wenig, hingegen die Aufbewahrung der Milch und die Behandlung der Sahne vor dem Buttern alles dazu beiträgt.

Auf alle diese Klagen hat ein Göttinger Landwirth überhaupt ohne alle weitere Zergliederung geantwortet: „daß die magern Berg= und Holzwei=
„den im Grubenhagenschen, auch das saure Gewächs
„in Thälern, und die engen Wohnungen der Land=
„leute und der Mangel an Kellern wenige, magere
„und schlechte Butter verursachen.". Im Ganzen genommen hat dieser Landwirth recht, wie mich bey meiner gegen Michaelis 1789 in dortige Gegend gemachten Reise der Augenschein gelehrt hat. Denn so wie man in manchen Gegenden von Sachsen z. B. im Churkreise um Wittenberg, Kemberg, im Leipziger Kreise zwischen Eilenburg und Borna, in der Oberlausitz um Löbau, Muskau, Niesky ꝛc. Weiden und Wiesen von obiger schlechten Beschaffenheit antrifft, so findet man im ganzen Grubenhagenschen, mit Ausschluß eines kleinen Strichs im Amte Salz der Helden, überaus schlechte und saure Weiden und Wiesen. Im ganzen Sollinge giebts zwar gute Weide fürs gelte Vieh, aber für das Melkevieh nur kümmerliche und zum Theil saure Weideplätze. In Ansehung der landesherrlichen Aemter muß ich ebenfalls so viel bestätigen, daß in dortiger Gegend dieselben nach der Abschaffung der Naturell=Herren= oder Frohndienste mit einer so starken Consumtion an Butter

ter für den Haushalt beschäftigt worden sind, daß ihnen fast gar keine Butter übrig bleibt.

71. Wollte man in diesen Gegenden dem Futtermangel abhelfen und bessere Grasarten erziehen; so müßte man vorzüglich mit der Wiesenverbesserung anfangen. Man müßte die sauren Wiesen durch kalkichte Substanzen und durch Abzugsgraben verbessern und besonders solche Grasarten ansäen, welche viel Nässe vertragen können. Diese Verbesserung führt weit sicherer zum Zwecke als der künstliche Kleebau, welcher übrigens eines der besten Nothmittel ist, und besonders zur Verbesserung der Felder dient. Kleeheu giebt freylich auch im Winter eine überaus gut schmeckende Butter; aber die mit dem Trocknen des Klees verbundenen Unbequemlichkeiten werden die allgemeine Anwendung noch lange Jahre zurück halten. Auf eben dieselbe Art sollten alle Wiesen behandelt werden, welche an stark übertretenden Flüßen liegen, nur müßten diese mit wenig oder lieber gar keinen Graben durchschnitten werden, damit man hierdurch nicht den Flüßen zur Bildung neuer Flußbetten Gelegenheit gebe. Indessen weiß ich doch aus eigener Erfahrung, daß auch eine nur mittelmäßige Heu= und Strohfütterung während des Winters eine wohlschmeckende, aber mehr weiß, als gelb aussehende Butter liefert; wenn die Milch und Sahne nur reinlich behandelt werden. Nur so viel ist in der Erfahrung gegründet, daß bey mittelmäßiger Heu= und Strohfütterung wohl 8 bis 10 Kannen Milch zu einer Kanne Rahm nöthig sind.

Da

Da der Göttinger Landwirth diesen wichtigen auch in unsern Provinzen häufig vorkommenden Fehler nur mit wenig Worten gedenkt und die Ursachen von der Theurung der Butter ganz mit Stillschweigen übergeht, so will ich mich über beydes etwas weitläuftiger erklären.

Die verschiedenen Arten und Weisen wie die Butter gemacht wird, kann ich als eine allgemein bekannte Sache eben sowohl voraus setzen, als die Beschreibung der Gestalt von den beym Buttern gewöhnlichen Maschinen. Unter den letztern scheinen mir die Buttertonnen und das Buttern an Plumpen ähnlichen Gestellen mit einem oder zwey Butterfässern die bequemsten und einfachsten zu seyn. Allein Bequemlichkeit und Einfachheit wollen mir, nach der Beschreibung und Zeichnung zu urtheilen, denn Versuche anzustellen hat es mir an Gelegenheit gefehlt, von der im 1ten Bande des Briefwechsels die meklenb. Landwirthschaft betreffend S. 221 mitgetheilten, schon zu sehr zusammen gesetzten Buttermaschine, nicht einleuchten. Das Buttern selbst trägt ebenfalls nur wenig zur Schlechtheit der Butter bey.

In sehr vielen großen Landwirthschaften und fast allen Wirthschaften der einzelnen Landleute wird der Grund zur schlechten Butter, den geringen Einfluß der wenig nahrhaften Fütterung abgerechnet, bereits bey der Aufbewahrung der Milch gemacht. Kleine Landwirthe haben fast immer Mangel an frischen Kellern und Kammern; und nicht selten fehlt es auch daran

daran bey großen Viehwirthschaften, wenn die Gebäude nicht erst in den letzten 20 Jahren erbauet worden sind.

Die meisten dieser sehr niedrigen Keller und Milchkammern haben eine dumpfige Luft, die noch dazu durch die Ausdünstung vom Käse, Fleisch, Kraut u. s. w. noch mehr verschlimmert wird: denn auch diese Dinge finden bey kleinen Landwirthen fast immer ihren Platz hier. Von diesen fremden Dünsten nimmt daher die Milch einen großen Theil auf, und bekommt die erste Grundlage zum schlechten Geschmack.

Dieser Fehler wird um so wichtiger, da er beynahe unverbesserlich ist. Eine bessere Belehrung und Ueberzeugung der Landwirthe, welche das Uebel ohnehin schon kennen, ändert die Sache nicht, und sie könnte nur in so weit nutzen, daß hinführo die fremden, der Milch ganz entgegengesetzten Dinge als Kraut, Fleischwerk, Käse 2c. einen andern Platz erhielten, daß in die sehr niedrigen Keller und Milchkammern durch mehrere angebrachte Oefnungen mehr reine Luft gebracht würde, wodurch aber die zum Absetzen des Rohms nöthige Wärme nicht vermindert werden dürfte, und daß endlich durch öfteres Waschen oder Kehren der Decken und Fußboden diese Milchkeller mehr Reinlichkeit erhielten. Die landwirthschaftliche Polizey wird nur in einem einzigen Falle hierbey thätig seyn können, entweder bey großen Reparaturen der Häuser, oder bey Erbauung derselben,

selben, indem sie alsdenn auf beßere Anlegung der Keller und Milchkammern dringet. Allein in diesem Stücke fehlt es fast allemahl den Zimmer- und Mauermeistern auf dem Lande an Kenntniß der zu einer Wirthschaft nöthigen Behältnisse; ja selbst städtische Gewerken, von welchen man doch mehrere Baukenntnisse mit Recht verlangen kann, begehen beym Entwerfen der Grundrisse zu landwirthschaftlichen Gebäuden große Fehler, wenn der ländliche Bauherr nicht selbst mitwirkt, wie jeden nur einigermaßen aufmerksamen Beobachter die tägliche Erfahrung gelehrt haben wird und wie mich der Augenschein oft gelehret hat. Ueberhaupt bedarf unsere ländliche Baukunst in ihrer ganzen Einrichtung noch sehr vieler Verbeßerungen, worauf mehr, als bis jetzt geschehen ist, Rücksicht genommen werden sollte.

Einen noch weit größern Fehler begehen die meisten Landwirthinnen bey den zur Aufbewahrung der Milch bestimmten Gefäßen. Man bedient sich hierzu allgemein entweder der hölzernen breiten 6 Zoll hohen Fäßchen, oder der irdenen Gefäße, welche bald Aesche, Reinel, Setten und noch anders genannt werden. Beyde haben ihre Unbequemlichkeiten, können der Milch und Butter sowohl einen widrigen Geschmack beybringen, als auch der Gesundheit nachtheilig werden und stehen überhaupt den gläsernen nach, nur daß diese wegen ihrer größern Kostbarkeit und leichtern Zerbrechlichkeit nie allgemein eingeführt werden dürften.

Die

Die dauerhaftesten Gefäße sind die hölzernen, aber sie erfordern auch die größte Reinlichkeit, damit in den Jahrringen und Fugen der Tauben und des Bodens keine Milch übrig bleibt. Wird diese Sorgfalt nicht beobachtet, so werden diese Milchgefäße sehr leicht durchaus sauer, verderben die Milch und Sahne und verursachen einen größern Schaden, als wenn ein irdener Milchasch zerbrochen wird. Denn ganz versauerte hölzerne Milchgefäße sind weder durch reines siedendes Wasser, noch durch siedendes, mit Asche vermischtes Wasser, dessen Hitze durch glühende Ziegel oder andere Steine vermehrt wird, wieder zu versüßen, sondern man muß sie zu anderm Gebrauch verwenden, woraus immerwährende neue Geldausgaben entstehen. Bey der Verfertigung der hölzernen Milchfäßchen wird auch schon durch die nachläßige Wahl des Holzes der Grund zum Verderben der Milch und Sahne gelegt, wenn man kiefernes oder fichtenes Holz zu Tauben und Boden nimmt: denn diese Holzarten theilen der Milch allemahl einen bittern und harzigen Geschmack mit. Das beste Holz hierzu ist freylich das von Linden, Pappeln und Weiden, wenn es nur in Menge vorhanden wäre; jedoch kann man in Ermangelung dieser Holzarten das von Tannen ohne Gefahr wählen, nur muß auch bey diesem der Bötticher alle Tauben, welche etwa Harzgallen enthalten sollten, sorgfältig vermeiden.

Sicherer und zum Hin- und Hertragen weit bequemer sind die irdenen in einem sehr schwachen

Grade verglaseten Milchgefäße; denn die ganz verglaseten sind der Gesundheit eben so nachtheilig, als die verzinnten, weil beydes die Glasur und das Zinn, von der Milch nach und nach aufgelöset werden. In dieser Rücksicht sollten auch zum Abschöpfen des Rahms entweder gläserne oder sehr dünn gearbeitete hölzerne Löffel anstatt der verzinnten blechenen gebraucht werden. Bey irdenen Gefäßen hat auch die Reinlichkeit lange nicht die Schwierigkeiten, wie bey den hölzernen, weil man mit groben Scheuersande alle Ribben der thönernen Geschirre leicht rein machen kann; und sollten sie dadurch ja nicht ganz rein werden, so braucht man hierzu nur eine scharfe reine Bürste anzuwenden.

So bekannt und geringfügig diese Dinge auch scheinen mögen, so bin ich durch öftere Beobachtung dieser Geschäfte doch überzeugt worden, daß sie sehr vernachläßiget werden und daß hierdurch vorzüglich der Hauptgrund zum üblen Geschmack der Butter gelegt wird. Dieser Fehler könnte durch den Unterricht in Landschulen, wenn er zweckmäßiger eingerichtet wäre, wenn unsere meisten Landschulmeister nicht die Bequemlichkeit zu sehr liebten und mehr auf Reinlichkeit bey ihren Schülern hielten, nach und nach verbessert werden. Allein daß keine ganz verglaseten Milchgefäße von den Töpfern zum Verkauf gebracht und nicht mehr in den sehr topfähnlichen, sondern in mehr faßähnlichen Formen gefertiget werden, dafür hat die Pölizey zu sorgen. Denn irdene Milchgefäße dürfen nur auf der Oberfläche zusammengesintert seyn, wie z. B. die Waldenburgischen, Muskauischen ꝛc. Gefäße, welches durch das beym Brennen in den Ofen geworfene Salz allein bewirkt wird. Daß übrigens alle diese mit Milch angefüllten Gefäße im Sommer kühl und im Winter warm, aber beständig nur den 17ten Grad des Reaumurschen oder 71 Grad des Fahrenheitschen Thermometers haben müssen, gehört mehr für gelehrte als ungelehrte Landwirthe, weil der gemeine Landmann den Grad der Wärme nur durch lange Gewohnheit erlernen kann.

Wenn aber auch schon alle Gefäße reinlich gehalten werden, so kann durch die Menge Milch, welche hineingegoßen wird, noch großer Nachtheil sowohl für den Geschmack der Butter, als auch für die Geldeinnahme entstehen. Gemeiniglich haben kleine und große Landwirthe nicht genug Milchgeschirre, so daß sie alle von 3 bis 4 Kühen ausgemolkene Milch in ein Gefäß gießen, dessen untere Breite mehr einem Topfe gleicht, wodurch die Milch 6 bis 8 Zoll hoch und drüber zu stehen kommt. Hierdurch wird das völlige Ausrahmen verhindert und die Milch nebst dem Rohm sauer, weil längere Zeit dazu nöthig ist. Ich habe dergleichen Sahne, die nur zwey Tage gestanden hatte, mehr als einmahl gekostet und fand sie auch in frischen Kellern schon sauer. Hieraus kann keine andere als schlecht schmeckende Butter entstehen; und weil die Milch in solchen Gefäßen niemahls recht ausrahmen kann, so erhält der Landwirth weniger Butter und seine Geldeinnahme wird geringer.

Will man diesem Uebel ausweichen, und alle in der Milch befindliche Sahne in höchstens 24 Stunden erhalten, so darf man in faßähnlichen irdenen Gefäßen die Milch nicht höher, als zwey Zoll gießen, wozu nach Verschiedenheit der Bodenbreite höchstens drey Dreßd. Kannen Milch, erfordert werden. Damit aber dieser süß erhaltene Rohm bey zwey und vier Kühen durchs lange Aufbewahren nicht verderbe, so muß er entweder an dem kühlesten Orte aufbewahrt oder in Butter verwandelt werden, wenn man auch mehr nicht als 1 oder 2 Kannen Butter bekommen sollte. Würde alles dieses genau befolgt, so könnte der Rohm gewiß allemahl unverdorben zum Buttern kommen.

Allein beym Buttern selbst und der ganzen Behandlung derselben wird noch oft der Grund zur schlecht aussehenden und übelschmeckenden Butter dadurch gelegt, daß man die Butterfässer nicht reinlich genug hält, welches sauer schmeckende Butter macht, daß man den Rohm entweder in das vom Ausbrühen noch nicht genug, oder zu sehr abgekühlte Butterfaß schüttet, beydes gibt bröckliche Butter, und erfordert längere Zeit; ferner wird nicht immer mit gleichen Stößen, sondern bald mit geschwinden bald mit langsamen Stößen gebuttert und es erfolgt ebenfalls bröckliche und weit weniger Butter; endlich erschwert man sich das Buttern und vermindert Ansehen und Geschmack der Butter, wenn man das Butterfaß über die Hälfte vollschüttet und im Sommer an nicht

kühlen

kühlen und im Winter an zu kalten Orten buttert. Durch alle diese Fehler bekommt man weniger und schlechtere Butter.

Der üble Geschmack der Butter wird alsdenn noch von vielen aus Eigennutz dadurch vermehrt, daß sie die Butter nicht rein genug waschen, und auf diese Art den Käufer betrügen. Manche suchen zwar, und dies ist besonders nach Michaelis bis ins Frühjahr der Fall, das schlechte weiße Ansehen und den bittern Geschmack der Butter dadurch zu verbergen, daß sie vom ausgepreßten Safte der recht roth aussehenden Möhren etwas gleich beym Anfange des Butterns in das Butterfaß schütten, wodurch die Butter eine gelbe Farbe erhält; allein die Bitterkeit schmeckt immer vor und das Mittel dient bloß die Käufer zu hintergehen.

Die besten Mittel, deren Allgemeinheit zu wünschen ist, bey süß gebliebener Sahne gute Butter zu erhalten, sind einzig und allein die Reinlichkeit der Milchgefäße und das reine Auswaschen der Butter. Die Polizey kann hierbey, wie gesagt, fast gar nichts thun. Denn wollte man den einzigen möglichen Weg einschlagen, daß man den Verkauf der käseartigen Butter verböte und die demohngeachtet zum Verkauf gebrachte, wegnähme, so würde daraus auf lange Zeit ein allgemeiner Mangel in den Städten entstehen, es würde noch theurere Preise verursachen, und die Aufrechthaltung eines solchen Verbots mit unendlich vielen Schwierigkeiten verbunden seyn, weil manche der angeführten Ursachen, z. B. die von Milchkammern, sehr langsam, ja äußerst schwer aufgehoben werden können.

Nicht mindern Schwierigkeiten ist die Abänderung des seit zehn Jahren so sehr gestiegenen Butterpreises unterworfen, welcher ganz andere und zum Theil entfernte aber tief gegründete Ursachen hat.

Wenn man die Butterpreise der zehn Jahre von 1763 bis 1772, in welche noch dazu die Reduction des während des siebenjährigen Krieges geschlagenen Geldes und die große Fruchttheurung fallen, mit den letzt verfloßenen zehn Jahren von 1780 bis 1790 gegen einander hält, so erstaunt man, daß der Preis von einer Dreßd. Kanne Butter um ein Drittheil gestiegen ist. Denn in dem erstern Zeitraume kam sie im Durchschnitt das Jahr hindurch nicht höher, als 6 Gr. und in den letztern zehn Jahren im Durchschnitt 8 Gr. Die Beweise dazu enthalten unsere einländischen, und von den ausländischen die Berliner und Breslauer Intelligenznachrichten. Da es die Gränzen dieser Abhandlung überschreiten würde, wenn ich auch die Beweise aus den ausländischen Intelligenznachrichten aufführen wollte, so mögen für dißmahl nur die aus dem Leipziger Intelligenzblatte hier stehen.

	Gr. Pf.
No. 1 b. 18. Jun. 1763 galt 1 Dreßd. K. But.	12 —
1 Mdl. Käse	6 —
— 14 b. 17. Sept. — 1 K. Butter	7 6
1 Mdl. Käse	3 —
No. 29	

		Gr:	Pf.
No. 29 d. 17. Dec. 1763 1 K. Butter	10	—
1 Mdl. Käse	4	6
— 10 d. 11. März 1764 1 K. Butter	7	—
1 Mdl. Käse	3	6
— 25 d. 16. Jun. — 1 K. Butter	5	6
1 Mdl. Käse	3	6
— 39 d. 15. Sept. — 1 K. Butter	6	6
1 Mdl. Käse	4	—
— 54 d. 15. Dec. — 1 K. Butter	10	—
1 Mdl. Käse	4	6
— 11 d. 16. März 1765 1 K. Butter	7	—
1 Mdl. Käse	4	—
— 26 d. 15. Jun. — 1 K. Butter	6	—
1 Mdl. Käse	3	6
— 40 d. 21. Sept. — 1 K. Butter	8	—
1 Mdl. Käse	4	6
— 54 d. 14. Dec. — 1 K. Butter	11	—
1 Mdl. Käse	4	6
— 11 d. 15. März 1766 1 K. Butter	10	—
1 Mdl. Käse	4	6
— 26 d. 14. Jun. — 1 K. Butter	6	—
1 Mdl. Käse	4	—
— 40 d. 20. Sept. — 1 K. Butter	6	—
1 Mdl. Käse	4	—
— 55 d. 20. Dec. — 1 K. Butter	7	—
1 Mdl. Käse	4	6
— 11 d. 14. März 1767 1 K. Butter	6	—
1 Mdl. Käse	4	6
— 26 d. 13. Jun. — 1 K. Butter	6	—
1 Mdl. Käse	4	6

			Gr.	Pf.
No. 40 d. 19. Sept. 1767	1 K. Butter		5	6
	1 Mdl. Käse		4	—
— 55 d. 19 Dec. —	1 K. Butter		8	6
	1 Mdl. Käse		4	6
— 11 d. 18. März 1768	1 K. Butter		8	—
	1 Mdl. Käse		5	—
— 27 d. 18. Jun. —	1 K. Butter		6	—
	1 Mdl. Käse		5	—
— 40 d. 17. Sept. —	1 K. Butter		7	—
	1 Mdl. Käse		4	—
— 55 d. 17. Dec. —	1 K. Butter		7	6
	1 Mdl. Käse		4	—
— 11 d. 18. März 1769	1 K. Butter		6	—
	1 Mdl. Käse		3	3
— 26 d. 17. Jun. —	1 K. Butter		5	—
	1 Mdl. Käse		2	6
— 39 d. 16. Sept. —	1 K. Butter		5	6
	1 Mdl. Käse		2	6
— 54 d. 16. Dec. —	1 K. Butter		6	—
	1 Mdl. Käse		3	—
— 11 d. 17. März 1770	1 K. Butter		6	—
	1 Mdl. Käse		3	—
— 26 d. 16. Jun. —	1 K. Butter		6	—
	1 Mdl. Käse		3	—
— 40 d. 22. Sept. —	1 K. Butter		6	—
	1 Mdl. Käse		3	6
— 54 d. 15. Dec. —	1 K. Butter		8	—
	1 Mdl. Käse		4	—
— 11 d. 16. März 1771	1 K. Butter		8	—
	1 Mdl. Käse		4	—

No. 26

		Gr.	Pf.
No. 26 d. 15. Jun. 1771	1 K. Butter	8	—
	1 Mdl. Käse	5	—
— 40 d. 21. Sept. —	1 K. Butter	8	—
	1 Mdl. Käse	5	—
— 54 d. 14. Dec. —	1 K. Butter	8	—
	1 Mdl. Käse	4	6
— 11 d. 14. März 1772	1 K. Butter	9	—
	1 Mdl. Käse	5	—
— 26 d. 13. Jun. —	1 K. Butter	8	—
	1 Mdl. Käse	5	—
— 40 d. 19. Sept. —	1 K. Butter	7	—
	1 Mdl. Käse	3	9
— 55 d. 19. Dec. —	1 K. Butter	8	—
	1 Mdl. Käse	4	6

In dem Zeitraume von 1780 bis 1789 waren die Butter= und Käse=Preise in Leipzig folgende:

		Gr.	Pf.
No. 10 d. 11. März 1780	1 K. Butter	7	—
	1 Mdl. Käse	3	6
— 25 d. 10. Juny —	1 K. Butter	5	—
	1 Mdl. Käse	3	—
— 39 d. 16. Sept. —	1 K. Butter	6	—
	1 Mdl. Käse	3	—
— 55 d. 23. Dec. —	1 K. Butter	8	—
	1 Mdl. Käse	3	6
— 11 d. 17. März 1781	1 K. Butter	7	—
	1 Mdl. Käse	3	—
— 26 d. 16. Jun. —	1 K. Butter	5	6
	1 Mdl. Käse	3	—

		Gr.	Pf.
No. 40 d. 22. Sept. 1781	1 K. Butter	6	6
	1 Mdl. Käse	3	—
— 54 d. 15. Dec. —	1 K. Butter	8	—
	1 Mdl. Käse	3	6
— 10 d. 9. März 1782	1 K. Butter	8	—
	1 Mdl. Käse	3	6
— 25 d. 8. Jun. —	1 K. Butter	7	—
	1 Mdl. Käse	3	6
— 40 d. 21. Sept. —	1 K. Butter	8	—
	1 Mdl. Käse	3	6
— 53 d. 7. Dec. —	1 K. Butter	8	—
	1 Mdl. Käse	4	—
— 11 d. 15. März 1783	1 K. Butter	9	—
	1 Mdl. Käse	4	—
— 27 d. 21. Jun. —	1 K. Butter	6	—
	1 Mdl. Käse	4	—
— 40 d. 20. Sept. —	1 K. Butter	7	—
	1 Mdl. Käse	4	—
— 55 d. 20. Dec. —	1 K. Butter	7	—
	1 Mdl. Käse	4	6
— 11 d. 13. März 1784	1 K. Butter	7	—
	1 Mdl. Käse	3	—
— 25 d. 5. Jun. —	1 K. Butter	6	—
	1 Mdl. Käse	3	—
— 41 d. 25. Sept. —	1 K. Butter	6	6
	1 Mdl. Käse	3	—
— 55 d. 18. Dec. —	1 K. Butter	8	6
	1 Mdl. Käse	3	6
— 11 d. 19. März 1785	1 K. Butter	8	6
	1 Mdl. Käse	3	6

No. 25

		Gr.	Pf.
No. 25 d. 11. Jun. 1785	1 K. Butter	9	—
	1 Mbl. Käse	3	6
— 39 d. 17. Sept. —	1 K. Butter	7	6
	1 Mbl. Käse	3	6
— 55 d. 24. Dec. —	1 K. Butter	9	—
	1 Mbl. Käse	4	—
— 10 d. 1/1. März 1786	1 K. Butter	9	—
	1 Mbl. Käse	4	—
— 25 d. 10. Jun. —	1 K. Butter	8	—
	1 Mbl. Käse	4	—
— 40 d. 23. Sept. —	1 K. Butter	7	—
	1 Mbl. Käse	4	—
— 55 d. 23. Dec. —	1 K. Butter	7	6
	1 Mbl. Käse	4	—
— 11 d. 17. März 1787	1 K. Butter	7	6
	1 Mbl. Käse	3	6
— 25 d. 9. Jun. —	1 K. Butter	7	—
	1 Mbl. Käse	3	6
— 42 d. 28. Sept. —	1 K. Butter	7	6
	1 Mbl. Käse	3	6
— 55 d. 22. Dec. —	1 K. Butter	9	—
	1 Mbl. Käse	3	6
— 11 d. 15. März 1788	1 K. Butter	8	6
	1 Mbl. Käse	4	—
— 26 d. 14. Jun. —	1 K. Butter	7	—
	1 Mbl. Käse	4	—
— 40 d. 20. Sept. —	1 K. Butter	7	6
	1 Mbl. Käse	4	—
— 55 d. 20. Dec. —	1 K. Butter	8	—
	1 Mbl. Käse	4	—

			Gr.	Pf.
No. 12 d. 21. März 1789	1 K. Butter	7	—
	1 Mdl. Käse	3	6
— 25 d. 6. Jun. —	1 K. Butter	6	6
	1 Mdl. Käse	3	6
— 41 d. 26. Sept. —	1 K. Butter	8	—
	1 Mdl. Käse	3	6
— 55 d. 19. Dec. —	1 K. Butter	10	—
	1 Mdl. Käse	4	—

Was mag wohl hiervon die Ursache seyn? So hörte ich oft fragen; und ward nach und nach auf die Quellen geführt, welche mir, wo nicht die einzigen, doch wenigstens die wichtigsten zu seyn scheinen. Meiner Einsicht nach muß man bey Aufsuchung der Ursachen dieses Ereignisses auf zweyerley Umstände Rücksicht nehmen, nähmlich: auf die Gewinnung und auf die Verzehrung der Milch, der Sahne und der Butter, wenn man seinen Zweck nicht verfehlen will.

Es hat zwar der ungenannte Verfasser des sächsischen Landwirths im 1sten Bande S. 431. bey der ihm aufgeworfenen Frage: warum in der Schweitz bey gleichem, ja noch leichterm Gewichte als in Sachsen, doch 1787 die Butter und das Fleisch theurer gewesen sey, als in Sachsen, indem die halbe Kanne oder 1 Pfund Butter in der Schweitz 5 Gr. 4 Pf. und das Pfund Rindfleisch 3 Gr. in Sachsen die erstere aber nur 4 und das letztere 2 Gr. gekostet haben, zwey Ursachen, nämlich die zu große Menschenzahl und die schlechte Benutzung der Viehweiden

weiden angegeben; allein das sind nicht die richtigen: denn vermehrte Menschenzahl verursacht wegen der vermehrten Industrie keine Theurung dieser Art.

Wenn man unsere Hüthungsarten kennt, so ist freylich wahr, daß alle unsere Weiden nicht zur Hälfte benutzet werden, und mithin der Ertrag an Milch und Butter um vieles geringer seyn muß. Allein diesem Uebel kann dadurch sogleich abgeholfen werden, daß man den Viehhirten die Weideplätze nicht auf einmahl einnehmen und das Vieh auf dem eingeräumten Platze nicht zu dichte zusammen läßt.

Da wir weder in Sachsen noch in der Schweitz keine Viehseuchen in den letztern zehn Jahren erlitten, und keine zu starke Bevölkerung haben: denn in Sachsen leben auf 1 ☐ Meile 2708 Menschen und in der Schweitz 2094: so kann die Theurung der Butter in Rücksicht der Gewinnung nur aus allgemeinem Miswachs des Grases und Strohfutters und in Rücksicht der Verzehrung nur aus einem, gegen die vorigen Zeiten gerechnet, stärkern Verbrauch der rohen Milch und Sahne entstehen.

In Ansehung der Fütterung haben wir wirklich in den letzt verfloßenen zehn Jahren mehrere Jahre überhaupt genommen entweder Mißwachs erlitten z. B. 1781, 1783, 1786 und 1790 oder das Heufutter, wenn es gerieth, verdarb durch zu große Näße z. B. 1782, 1785, 1787 und 1789, oder es blieb gut, fütterte aber schlecht wie z. B. 1790. Wem ist es unbekannt, wie sehr das durch Regen

Regen ausgelaugete und durch Ueberschwemmung verschlämmtes Heufutter verschlechtert wird? Drey Pfund von solchem Heu leisten noch nicht die Dienste eines Pfundes von unverdorbenem Heu. Eine gleiche Beschaffenheit hat es auch mit dem 1790 eingeernbteten Heue und Strohe, welches aus Mangel an Regen die ihm sonst eigenthümliche Nahrhaftigkeit nicht erlangt hat. Das Heu füttert schlecht, und das Stroh noch schlechter, weil dessen Halme zu hart und spröde geblieben sind.

Dieser nach und nach allgemein gewordene Futtermangel hat bey vielen kleinen Landwirthen die Abschaffung einer oder zweyer Kühe und bey großen Viehwirthschaften eine sparsamere Fütterung nothwendig gemacht, wodurch weniger Milch und Sahne gewonnen und dadurch die Buttermenge verringert worden ist. Die kleinen Landwirthe, welche einige Stücke ihres Viehes abschafften um das übrige desto besser zu füttern, haben dabey weniger verloren als die großen, welche alles Vieh behielten und schlecht fütterten, weil zwey gut gefütterte eben so viel Milch und desto bessern Dünger geben, als wie drey und vier schlecht gefütterte. Allein der Landesverlust an Butter bleibt deswegen immer gegründet und hat zur Steigerung des Butterpreises mitgewirkt.

Am meisten hat jedoch, meiner Einsicht nach, der seit zehn Jahren vorzüglich allgemein eingerißene Verbrauch der Milch und Sahne zum Caffeetrinken ben hohen Preis der Butter verursacht. Ich weiß

weiß recht wohl, daß man den Gebrauch des Caffees viel länger kennt: denn vor funfzig bis sechszig Jahren trank man in Teutschlands Städten und vornehmen Gesellschaften schon levantischen Caffee; und wenn es dabey geblieben wäre, so würde das Caffeetrinken der Buttermenge keinen bemerkbaren Schaden gethan haben. Allein als man anfing aus Ost- und Westindien uns Caffee zuzuführen, wodurch er so sehr im Preise fiel, dann ward sein Gebrauch allgemein und der Verbrauch der Milch und Sahne der Buttermenge nachtheilig. Indem ich dieses behaupte, kann ich mich mit allem Rechte zugleich auf die Erfahrung vieler Oekonomen und Reisenden berufen, deren aufmerksamen Beobachtungen es keinesweges entgangen seyn wird, daß in Städten das Caffeetrinken allgemein und auf den Dörfern gegenwärtig sehr ausgebreitet sey. Hätte ich die Einsicht in die sächsischen Accisbücher, so würde ich im Stande seyn den jährlichen Caffeeverbrauch richtig angeben zu können; indessen braucht Sachsen wahrscheinlich für mehr als eine Million Thaler Caffee. Wollte man das häufige Caffeetrinken auch nur allein von Seiten der Schmählerung der Buttermenge betrachten, so war es in der That für die preußischen Lande eine Wohlthat mehr, welche ihnen Friedrich II. erzeigte, indem er den Verbrauch desselben so sehr erschwerte. Aber es giebt noch mehrere nachtheilige Folgen, welche das allgemein gewordene Caffeetrinken in Rücksicht der körperlichen Stärke, des Vermögens, der Braunahrung ꝛc. nach sich gezogen hat, die ich aber als nicht hierher gehörig übergehe.

Zum

Zum Beweise meiner Behauptung ist nothwendig, daß ich

erstlich zeige, wie viel eine gute gesunde Weidekuh jährlich Milch, Sahne und Butter liefern kann und muß;

zweytens einen allgemeinen Satz angebe, wornach sich z. B. in Sachsen nach der Volksmenge das Milch und Butterbedürfniß bestimmen läßt;

drittens festsetze, wie viel Milch und Sahne das Caffeetrinken wegnimmt und wie viel daraus Butter hätte gemacht werden können;

viertens endlich, um wie viel dieser Mangel an Butter den Preis derselben erhöhet hat.

Nach der einstimmigen Erfahrung kann man die Benutzungszeit einer gesunden Weidekuh jährlich nicht länger als auf vierzig Wochen annehmen, während welcher Zeit sie täglich sechs Kannen Milch geben muß. Diß beträgt in 40 Wochen oder 280 Tagen 1680 Kannen Milch. Da nun 7 Kannen Milch erst eine Kanne Sahne und 6 Kannen Sahne eine Kanne Butter geben, so erhält man von einer Kuh jährlich 40 Kannen Butter. Daß es Kühe geben kann, welche jährlich 10 bis 50 Kannen mehr liefern, ändert den angeführten Erfahrungssatz nicht, weil es ebenfalls Kühe giebt, welche nicht so viel melken.

Zur Bestimmung des Milch- und Butter-Bedürfnißes überhaupt glaube ich nicht billiger rechnen zu können, als wenn ich täglich auf vier Personen eine Kanne Milch und wegen der Kinder auf vierzig Personen eine Kanne Butter rechne. Nimmt man nun z. B. die sächsische Volksmenge vom Jahre 1790 an, wo sie nur wenig über 1,850,000 Seelen betrug, so würden diese täglich 462,500 Kannen Milch und 46,250 Kannen Butter, jährlich aber 168,812,500 Kannen Milch und 16,851,250 Kannen Butter bedürfen. Zur Gewinnung dieses Bedürfnisses werden in Sachsen nach obiger Angabe ohne die Bruchzahlen 521,764 melkende Kühe erfordert. Eine zweyfache Angabe derselben findet man in der sächsischen Erdbeschreibung B. I. S. 60 ff.

Wenn ich nun von der obigen Volksmenge drittens annehme, daß in Städten 200,000 wohnen, welche insgesammt Caffeetrinker sind, so trete ich der Wahrheit gewiß nicht zu nahe. Eben so wenig wird man es übertrieben finden, daß ich auf vier Caffeetrinker eine Kanne Milch und auf zwölfe eine Kanne Sahne rechne. Nach diesem Maasstabe brauchen obige 200,000 städtische Einwohner täglich entweder 50,000 Kannen Milch oder 16,666 Kannen Sahne; und jährlich 18,250,000 Kannen Milch und 6,083,090 Kannen Sahne. Die Milch würde jährlich 434,523 Kannen und die Sahne 1,013,848 Kannen Butter geliefert haben, welche durch den rohen Verbrauch nunmehr an der ganzen Menge fehlen. Allein da nur wenig arme Leute bloße Milch zum Caffee verbrauchen, so kann man mit allem Recht den ganzen Butterverlust, der durch den Genuß der rohen Milch und Sahne zum Caffee verursacht wird, jährlich auf 1½ Million Kannen Butter setzen. Von den Dorfbewohnern in Sachsen kann man ebenfalls 200,000 als Caffeetrinker annehmen, so daß durch diese wiederum ein jährlicher Butterverlust von 1½ Million Kannen bewirkt wird.

Nach diesen Bestimmungen werden durchs Caffeetrinken endlich viertens dem allgemeinen Butterbedürfniße drey Millionen Kannen Butter oder der fünfte Theil des Ganzen entzogen. Dieser Mangel mußte daher auf den Märkten eine allmählige Steigerung des Preises verursachen, weil das Butterbedürfniß einmahl da war und befriedigt werden sollte. Wäre das Caffeetrinken bloß in den Städten geblieben, so würde man den Einfluß desselben auf den Butterpreis lange nicht so bemerkt haben, indem viele kleine Landleute von ihren zwey bis drey Kühen nicht nur ihre ohne Viehzucht lebende ländliche Nachbarn würden haben mit Butter versorgen können, sondern auch davon noch in die Städte gebracht haben würden. Denn es ist in der Erfahrung gegründet, daß gerade die Zufuhre der Lebensmittel, wenn sie von kleinen Landwirthen geschicht, die Preise mittelmäßig erhalte. Bedenkt man nun noch den Futter-Mißwachs der letztern zehn Jahre, so findet man zwey mächtige Ursachen, wovon die letztere durch mehrere auf einander folgende fruchtbare Jahre nach und nach zu wirken aufhören kann:

denn

denn es wird gewiß noch verschiedene Jahre dauern ehe die kleinen Landwirthe ihren vollzähligen Viehstand wieder erhalten werden.

Auf die Unterstützung des Auslandes ist hier ebenfalls nicht zu rechnen, weil das Caffeetrinken in Niedersachsen, Westphalen und Schwaben in Städten und auf dem Lande eben so allgemein als andermärts ist.

Sollten einige Landwirthe mir einwenden wollen: der hohe Butterpreis ist ja gut, und jeder Viehzuchttreibende Einwohner muß ihn wünschen, weil er dadurch gerade von seiner Viehzucht den höchstmöglichen Ertrag erhält, wofür jeder Landwirth mit Recht zu sorgen hat, so antworte ich folgendes:

Nur derjenige kleine Landwirth wird bey dem gegenwärtigen hohen Butterpreise den höchstmöglichen Ertrag einigermaßen erlangen, welcher keinen Caffee trinkt, und die großen Viehwirthschaften. Denn rechnet man die Geldsumme ab, welche der kleine Caffeetrinkende Landwirth wiederum für Caffee, Zucker oder Syrup, als Dinge eines schädlichen, ächten Finanzgrundsätzen zuwider laufenden Luxus, ausgeben muß, so langt der durch den höhern Butterpreis gewonnene Vortheil bey weitem nicht zu, sondern es muß noch eine beträchtliche Summe zugelegt werden, wodurch die Vermögensumstände derselbigen sich täglich verschlimmern, wovon ich mir den Beweis für eine andere Gelegenheit vorbehalte. Hierzu kommt noch ein anderer Nachtheil, der so wohl die Caffeetrinkenden und nicht Caffeetrinkenden kleinen Landwirthe als auch die Eigenthümer großer Viehwirthschaften trift, nemlich die ebenfalls größere Vertheurung der von den Städtebewohnern veredelten rohen Producte.

Nichts ist natürlicher, als daß der Handwerker Manufacturist, Fabrikant und jeder städtische Gewerbe treibende Einwohner den Preis seiner Waaren und Arbeiten erhöhen muß, wenn er die ihm unentbehrlichen Bedürfniße, unter welchen die Butter eines der ersten ist, befriedigen will. Daß noch andere Ursachen ihn ebenfalls dazu zwingen, ist mir recht wohl bekannt, und ich werde sie zu einer andern Zeit nennen. Dieser theurere Einkauf der städtischen Producte raubt nun allen Landbewohnern einen weit größern Theil des Ertrags, so daß ihm nach Abzug desselben weit weniger wahrer Gewinn übrig bleibt, als vorher.

Wie indessen diesem Uebel und seinen weitgreifenden Folgen abzuhelfen seyn möchte, erfordert eine eigene Abhandlung, welche in einem der folgenden Stücke mitgetheilt werden soll.

10. Auszüge aus einem alten Lehrbuche der Landwirthschaft, zur Erläuterung neuerer Journale dieser Wissenschaft.

Von Karl Slevogt.

Theils als Landwirth von Profeſſion, theils aus Neigung jede meiner Nebenſtunden, durch Leſung alter und neuer Schriften meines Fachs, zu benutzen, um mir dadurch litterariſche Kenntniſſe zu erwerben, den Gang der Oekonomie von der Zeit an, da man ſie ſchriftlich zu bearbeiten anfing, bis auf unſere Tage zu beobachten, meine Ideen hier und da zu berichtigen, und zu Verbeßerung meiner Ländereien manches Körnchen aufzuleſen, durchſtöhre ich in Zeiten der Muſe den Wuſt der Niederlagen der Oekonomik. Freilich habe ich bey dieſem Geſchäfte ſchon oft alle Nerven der Geduld ſpannen müßen, um mich durch ein angefangenes Werk der geſchwäzigen Jahrhunderte ganz durch zu arbeiten, und ſeinen plaudernden Autor nicht Stunden lang unbemerkt fortſtammeln zu laſſen. Aber die Meiſterſtücke unſerer kernhaften Oekonomen erſetzten mir zu andrer Zeit alles wieder und ſpannten meine ganze Aufmerkſamkeit auf mehrere Stunden hintereinander, ohne mir den geringſten Zwang abzufodern, von neuen an.

436 10. Auszüge aus einem alten Lehrbuche der Landw.

Im erſten Falle befand ich mich, als ich die XV. Bücher von dem Feldbaw vnnd recht vollkommener Wolbeſtellung eines bekömlichen Landſitzes ꝛc. ꝛc. ꝛc. Straßburg 1588. in Fol. deſſen Herausgeber ſich hinter der Dedikation Melchior Sebizius nennt, las.

Bei aller Aermlichkeit dieſes Folianten enthält er doch unter andern einige Stellen, welche dem Aufſatz über die Vermehrung und Fortpflanzung guter Obſtbäume auf neue Art, im erſten Quartalſtücke des landwirthſchaftlichen Magazins, herausgegeben von J. G. F. Mund Leipz. 1788. S. 86 f. zu einiger Erläuterung dienen, und die ich hier auszuzeichnen nicht für zweckwidrig achte.

S. 67 ſagt erwähnter Foliante: „In den erſten zwölff Tagen dieſes Monats — des Hornungs — ſoll man die Oepffelzweig einlegen, Wurtzling zu machen.‟

Am Schluße dieſer Seite führt er die natürliche Urſache davon aus Gründen der Phyſik an, wie folget: „Plinius im ſiben vnnd zwantzigſten Capitul des andern Buchs ſchreibt, daß die Römer den Hornung für die bequemſte Zeit geachtet, darinn alles Erden Gewächs widerumb Athem oder das Leben empfahe: vnd ſonderlich vmb den achten Tag Februarij, wenn da anfahen zu wähen vnd brauſen die Weſtwind vom Niedergang: daher heyßt ſolcher Wind zu griechiſch Zephyros, dieweil er das Leben widerumb bringet, oder lebendig machet (oder nach

So-

Goropij meynung, auff Teutſche außlegung, daß er das Seyen, oder den Seyet führet, oder widerumb nach erlittener Winterfroſt fewret, das iſt, wärmet vnd erquicket) deßgleichen heißt er auch zu latin favonius vom fovere, welches nehren, warm auffenthalten, vnnd gleichſam ausbrüten, vnd im Schoß erwärmen bedeut (oder nach erſt gedachtes Gelehrten Lehr, vom teutſchen Wort Fahen, empfahen, einpfahen, oder vom wähen, weben vnd wonn, daß es fräud vnnd wonn vber Waid vnd Feld wähet.)"

S. 415 ein ganzes Kapitel "von einſetzung vnd pflantzung der jungen äſtlein."

Nach Angabe deſſen, müſſen die jungen Schoßen oder Zweige, die verpflanzet werden ſollen, voller Augen und ſchön gerade ſeyn, und gute friſche Rinde haben; ſie werden einen Schuh tief ins Erdreich geſteckt und begoßen. Die Zweige ſoll man von edeln ſtarken und fruchtbaren Bäumen abſchneiden, und in derſelben Richtung verpflanzen, wie ſie auf dem Baume geſtanden. Die Pflänzlein welche von eingeſetzten Aeſtlein kommen wachſen viel eher und vollkommener, als die andern welche aus Samen, Kernen oder Steinen gezogen worden: "inſonderheyt aber wann mann ſie in frembden Grund hat geſetzt."

"Wenn du wilt Maulbeer vnd Feigen, Quitten, welſche Kirſen, Granaten vnd Pflaum oder anderer Bäume äſtlein ſetzen, ſoltu ſie zwiſchen aller heyligen Tag vnd dem Newenjars tag, oder ein wenig ſpäter, brechen."

Zum Stecken oder Pflanzen soll man die Aestlein, Schoß oder Zweige, die von drei- oder vierjährigen Holze sein, und die nur eine Spitze haben, nicht aber solche die schon in mehrere aufgeschoßen sein, nehmen — „diese Zweige soll mann vnten auff einer seiten eines halben schuchs lang mit einem Meßer laßen spitzen, vnnd die Rinde gar nicht davon hinweg thun: die Spitze welche ins Erdreich kommen soll, mustu auch eyn wenig embtrayen, oder in etliche theyl spalten, von einander sperren, oder eine Bone, Erbs, oder Steinlein mitten darein stoßen, darnach also eines Schuchs tieff ins Erdrich stecken. Oder stoße dieselbige Spitze in ein Hültzin Büchßlin, fülle es voller Waßer, vnnd vergrabs also mit einander in das Erdrich." — —

„Wiltu aber daß eyn Baum nicht vber sich in die Höhe wachße, sondern klein vnd niedrig pleibe, solltu Holder darauff stecken: dann geschieht es, so werden die jungen Aestlein desto beßer bekleben, vnd brechen auch nicht so bald."

Die Zweigpflanze vor der Sonnenhitze so lange zu schützen, bis sie zarte Wurzelkeimchen austreibt, mit einer Hollunder-Hülse zu überdecken, kann sie zwar vor dem Ausdorren an ihrem obern Ende schützen; ob dies aber nöthig ist, daran zweifle ich eben so sehr, als ich es für kein zweckmäsiges Mittel halten kann, dadurch niedrige Baumstämme zu ziehen. Was kann die Hollunder-Hülse auf ein werdendes Stämmchen wirken, deßen Wachstum sich erst nach Jahren entwickelt und fortsteigt nachdem es Boden und Klima be-

begünstigen? Diese Zweig-Mützen gehören also wohl unter die ökonomischen Spielereien, oder unter die alten Glaubensartikel, die in den Zeiten der Erscheinung dieses Werks noch verzeihlich waren.

Ein eben so orthodoxer Glaube gehört zu dem S. 416 angeführten Kunststücke, Feigenbäume auf genuesische Manier zu pflanzen und innerhalb drei Jahren Früchte davon zu ziehen, wozu folgende Verfahrungsart angegeben wird, hinter welcher zwar kein Probatum est paradiret, die aber doch im Tone der Dogmatik vorgetragen ist.

Man nimmt einen Feigenzweig welcher schon vor zwei oder drei Jahren Früchte getragen hat, spaltet ihn unten und klopfet das unterste Ende ein wenig, wie unsere jetzigen Bauern thun, wenn sie Rosmarinzweige pflanzen, und setzt ihn in eine Schuh tiefe Grube, so daß noch drei oder vier Augen des Zweigs über der Erde bleiben; darauf bedeckt man ihn sechs Tage lang mit Stroh und begießt ihn täglich mit Wasser; dann nimmt man das Stroh wieder ab, „dieweil er schon vmb dieselbige zeit geschoßen hat: zu end des jars soltu gegen dem Hornung den Zweig bis auff den Boden hinwegschneiden, alsdann stoßt er so mechtig vnd so starck, daß er im andern jare frucht träget."

Wäre diese Kunst junge Bäume zu ziehen nicht zwei Jahrhunderte hindurch vernachläßiget worden, so würden wir vortrefliche Anweisungen darin gewiß aufzuweisen haben; so aber wird jeder Beitrag, der diesen Zweig landwirthschaftlicher Industrie grünender machen kann, dem ökonomischen Publiko nicht unangenehm seyn.

Im ersten Quartalstücke des 2ten Jahrganges des landwirthschaftlichen Magazins, herausgegeben von Munb, S. 160 f. kommt wieder etwas „über die Vermehrung und Fortpflanzung guter Obstbäume auf neue Art im ersten Quartalstücke des ersten Jahrganges S. 86 f." vor, dessen Verfasser diese Art von Baumzucht, weil sie noch nicht so ganz ausgemacht, allezeit aber mit vielen Umständen verknüpft ist, lieber mit der Methode der Vermehrung der Bäume durch Spalttöpffe zu verwechseln in Vorschlag bringt. Sollte dieser Vorschlag Eingang finden, so würde für die Bereicherung der Baumgärtnerei in diesem Stücke wieder nichts gethan werden, und die Fortpflanzung der Obstbäume durch Stecklinge würde bald wieder in ihrer alten Vergessenheit ruhen. Doch haben wir von dem tiefen Forschungsgeiste und unermüdeten Bemühungen unsrer gründlichsten Landwirthe, welche sie in so rühmliche Ausübung bringen, dies nicht zu besorgen, sondern gewiß von Zeit zu Zeit nähere Aufschlüße in dieser Methode von Baumzucht zu erwarten, die so reelle Vortheile gewähren kann.

Wäre das nicht so ganz ausgemacht, und die Verknüpfung der vielen Umstände mit einzelnen landwirthschaftlichen Bemühungen ein so fürchterlicher Popanz, daß man, um ihm auszuweichen, gleich

Methode mit Methode verwechseln müße, so würde die Landwirthschaft in vielen Stücken viel dabei verlieren, und wenig neue Aufklärungen zu hoffen haben. Aber Dank sei es unsern freigeistirischen Vorfahren, daß sie diesen Popanz aus ihren Ländereien verbannten, und Muth und Kraft stärke unsere Gebrüder wider ihn in unsern Zeiten.

11. Recensionen.

I. **Landwirthschaftliches Magazin**, herausgegeben von S. G. F. Mund. 2ten Jahrg. 1s Quartalstück. Leipzig bei S. L. Crusius 1790. 182 S. in 8.

Den Eingang dieses Stückes eröfnet die **Beschreibung des treffurtischen Spinnrads**, die durch eine Abbildung desselben erläutert wird. Auf diesem Spinnrade laufen zwo Spulen, und zween Fäden, die zu gleicher Zeit gesponnen werden, rollen sich darauf auf, wodurch auf dieser Maschine ein gut Theil Garn mehr, in gleichem Zeitraume, bewirkt werden kann, als auf dem gewöhnlichen Spinnrade: da aber mit dieser vergrößerten Menge des Garns verringerte Güte desselben in Kollision kommt, so muß nach diesem Verhältniße Madam Experientia die Vorzüge des treffurtischen Spinnrades, vor dem ge-
mei-

meinen, erst näher erläutern, ehe es letzteres aus unsern Spinnstuben verdrängen wird.

II. Von der Landwirthschaft der Türken von S. 19 — 71. genommen aus der Beschreibung des Kanals von Konstantinopel von Domenico Sestini, aus dem Italiänischen ins Deutsche übersetzt von C. J. Jagemann, Hamburg 1786, und aus den kurzen historischen Betrachtungen über die Aufnahme und den Verfall der Landwirthschaft bei verschiedenen Völkern, von Franz Grafen von Hartig. Prag und Wien 1786.

So wenig Data diese Abhandlung auch für den ausübenden Oekonomen enthält, so einen angenehmen Dienst hat der Herausgeber des landwirthschaftlichen Magazins dem gelehrten und den wenigen ausübenden Landwirthen, die mit der Praktik historische Kenntniße ihres Fachs verbinden, durch diesen Aufsatz erwiesen. Besonders lehrreich haben wir, in dieser Rücksicht, die erstere Abtheilung gefunden, worin uns Sestini mit den Getraidearten bekannt macht, die dem Landmanne am Kanal von Konstantinopel Beschäftigung und Nahrung geben, dann die dortigen Gartenpflanzen aufzählet, welche den Menschen nähren, und endlich die Obstarten aufreihet, welche in jener Gegend mehr durch die freiwilligen Triebe der Natur, als den Zwang der Industrie gedeihen.

Weniger wichtig ist des Grafen Hartigs allgemeines Räsonnement über die Landwirthschaft der Tür-

Türken; doch macht sie uns mit dem Drucke unserer Handwerksgenoßen in der Moldau, Wallachei und und in Natolien bekannt, vor welchem die Menschheit schaudert, und giebt uns einen Wink, den Göttern zu danken, die die Strahlen der Aufklärung so wohlthätig über unsern Horizont leuchten hießen, und die Väter des Landes zu segnen, unter deren Schutz wir, die Früchte unsers Fleißes in ländlicher Ruhe ungestört genießen können.

Mit einem enormen Aufwand von Kräften, die der osmannische Stupor noch nicht, nach einer weisen Oekonomie, zu ordnen gelernt hat, dreschen die Türken — nach Séstini — ihr Getraide aus. Vier Ochsen und zwei Pferde, und sieben bis acht Tagelöhner obendrein vermögen mit vereinigten Kräften in zween Tagen kaum vierzehnhundert Pfund reines Korn zu dreschen; eine Arbeit, welche bei uns ein volles Tagwerk für acht Drescher allein beträgt — denn diese müßen zwei Schock Roggen-Garben rein ausdreschen und die Körner von allem Unrath sauber reinigen; diese liefern sechs Fuldaische Malter Körner, davon jedes — nach einem Mitteljahre gerechnet — 250 Pfunde wiegt: folglich zusammen funfzehnhundert Pfunde liefern.

Mit halben Kräften thun wir nervöse Deutsche also mit den Osmannen gleiche Arbeit, welche, um uns gleich zu kommen, noch obendrein der Beihülfe von vier Ochsen und zwei Pferden bedürfen; und doch gab die Natur den mannhaften Türken gleiche

Anlage zu schweren Arbeiten mit den kraftvollen Söhnen Germaniens.

Nach S. 32 unsers Magazins wird am Kanal von Konstantinopel kein Panicum italicum — das hier uneigentlich eine Art Buchweizen genennt wird, gebauet. Die Note sagt: „nach Herrn Schellers Wörterbuch bedeutet das Wort Panicum eine gewiße Art von Hülsenfrucht, vielleicht Heidekorn oder Buchweizen."

Allein dieses Vielleicht ist in einer Vermuthung gegründet, welche die Botanik widerlegt. Panicum bedeutet Fench, Pennich, Hirse, und ist eine Getraideart, die Columella und Galen den Hülsenfrüchten zugesellet, die aber ihren Samen nie in Hülsen getragen hat: Kolben sind von der Natur zu Samenbehältnissen dieser Getraideart angewiesen, und hierin sind sie in Menge — in Gestalt kleiner dem Hirsen ganz ähnlicher Körner beisammen. —

Von diesem Pflanzengeschlechte kömmt das Panicum germanicum f. panniculo minore — kolbichte Hirse — in den alten Kräuterbüchern oft unter den Namen Heydelpennich, Heydel, Heydelfench, Putzweitzen vor, und hat zu der Meinung Gelegenheit gegeben, daß es eine Art Buchweitzen sei.

Panicum italicum f. panniculo maiore C. Bauh. Panikorn, großer Pfench, indianisch und hispanisch Panikorn, indianischer Fench, italienischer Hirse, ist die Hirsenart, welche aus den Morgenländern nach Spanien und von da zu uns gekommen ist. Einige thracische Völkerschaften müßten ihn zu einem Hauptnahrungs-Produkt bauen, denn Xenophon nennt sie im siebenden Buche der Feldzüge des Cyrus Melinophagos, Fenchfresser, und nach Dioscoridis Zeugniß hat das Alterthum aus Fenchmehl häufig Brod gebacken.

III. **Von Erziehung des Carfiol oder Blumenkohl-Samens.**

Da nach dem Laufe der Natur der aus Cypern und Kandien in unser rauheres Deutschland verpflanzte Carfiol, unsere Winter nicht im Freien auszuhalten vermag ohne zu erfrieren, und Glashäuser und Mistbeete nicht in jedes Landwirths Gewalt sind, der sich auch seine Gartensämereien gern selbst zieht: so werden vornehmlich diese es dem Herausgeber Dank wissen, daß er sie mit einer Methode bekannt machte den Carfiolsamen im Freien zu ziehen, und diese Abhandlung bleibt — obgleich aus dem Hildesheimischen Magazine genommen — immer ein sehr willkommenes Geschenke für die Leser des landwirthschaftlichen Magazins.

IV. **Witterungs Geschichte** der drei letztern Monate im J. 1788 und der drei erstern 1789 in Goslar, von S. 80 — 131.

Da dieser Aufsatz die Witterungsbeobachtungen des kältesten Winters des laufenden Jahrhunderts enthält; so mag er für den Meteorologen mehr Interesse als für den Landwirth haben. Als etwas Son-
der

herbares wird angemerkt, daß in Island das dem Nordpol so nahe und mit Lappland unter einem Klima liegt, dieser Winter bei weitem nicht der strengste, sondern vielmehr einer der gelindesten gewesen ist.

V. Anzeigen einiger landwirthschaftlichen Schriften.

VI. Neue Erfindungen.

1. Ein Frostableiter wodurch die Baumblüten vor einfallenden Nachtfrösten völlig gesichert werden sollen.

2. Gewichts=Mühle und Stampf=Maschine, eine bloße Anzeige — deren Beschreibung sich der Magister Reinhold in Osnabrück auf Pränumeration herauszugeben, als Erfinder, vorbehalten hat.

3. Kälber mit Heuwasser und Milch zu ernähren. Ein Vorschlag der auch wörtlich in Riems auserlesenen Sammlungen vermischter ökonomischer Schriften 1. Band. 18 Heft S. 240 aus dem hannövrischen Magazin eingerückt ist, für die Nuzbarkeit dieser Kälber=Fütterung aber keine weitere Belege liefert, sondern blos auf Unkosten einer ältern Künstelei, eine neuere in Umlauf zu bringen sucht.

Die Angabe: „diejenigen Kälber — die man mit abgerohmter Milch — — — erzieht, haben keinen Wachsthum, sterben bald von selbst, oder sind nichts nütze" ist noch nicht so allgemein wahr befunden worden, daß sie als ein Satz ökonomischer Dogmatik angenommen und so entscheidend vorgetragen

gen werden könnte. Zahllose Erfahrungen in vielen Oekonomien in und außer Deutschland werden diesen Satz bestreiten, und die Vernunft macht die Milch — welche die Natur zu einer gesunden Kälber-Nahrung anwieß — dem guten Gedeihen der Kälber vorträglicher, als das neumodische Heuwasser: der wohlgemeinte Vorschlag dürfte also, wenn keine vollgültige Belege zu seiner Nutzbarkeit geliefert werden, unter diejenigen gehören, die gemacht, gelesen und — vergessen werden.

4. **Gewitterstangen im Felde,** welche der Professor Kohlreif in Petersburg zur Fruchtbarkeit der Aecker und Wiesen und zu Abwendung der häufigen Hagelschäden nach einer gelehrten Theorie — die im 44ten Stücke des hannöverischen Magazins vom J. 1789 vorgetragen worden — empfielt, die aber erst noch durch Erfahrung kommentirt werden muß.

VII. **Bemerkungen über die Art den Klee zu troknen und ihn mit andern Futterkräutern zu vermischen,** aus den *Memoir. d'Agricult. d'Oeconomie rurale et domestique, publiés par la Societé Royale d'Agricult.* de Paris 1787.

Der Franzos macht den grün gefütterten Klee dem Viehe schädlich und verderblich, und mit den Pferden troken und unvermischt gefüttert, verursacht er ihnen Entzündungen; auch giebt er es dem Klee Schuld, daß seine Viehheerden zwei Jahre hinter einander an Blutharnen litten, woran viele star-

starben. Er vermischte daher seinen Klee auf dem Acker mit andern Kräutern, mit Sainfoin oder Esparcette, — welches hier nach einem Wörterbuche durch spanischen Klee übersetzt ist — zum dritten Theile; mit der großen Pimpernelle zum vierten Theile, und beim dürren mit Haberstroh schon auf dem Acker in gleicher Hälfte mit dem Klee.

Wir deutsche Landwirthe, die wir den Klee unvermischt bauen, verpesten ihn dadurch nicht für unsere Heerden, und beim Dürren desselben fahren wir das Haberstroh nicht auf den Acker um es mit dem Kleefutter zu vermischen und die Fuhren unnöthig zu vermehren. Güter in hiesiger Gegend, die jährlich vierzig, funfzig, sechszig Fuder Klee dürren, und ihn ohne französische Aengstlichkeit bauen, sind mit ihrem vortreflichen Viehstande sichtliche Beweise wider die Fantasie des Franzosen.

S. 165. Ueber eine wunderbare Erscheinung in der Natur.

Ein alter glaubwürdiger Mann behauptet: man könne Kohlsamen sowohl vom weißen als braunen Kohl erhalten, ohne, wie gewöhnlich die Stauden und Köpfe zu pflanzen und Samen tragen zu lassen. Man dürfe nur Blätter zu einer gewissen Jahreszeit in etwas Leinen wickeln und dieselben in die Erde vergraben, so fände man nach Verlauf einiger Zeit die Blätter vermodert und in den Ribben derselben völlig brauchbare Samenkörner — der und der hätten
den

Inhalt
des
erſten Stücks.

1) Beytrag zur Geſchichte der Oekonomie.   Seite 3

2) Von der Raaſendüngung.   36

3) Jährliche Koſtenberechnung eines Studierenden in Leipzig.   49

4) Erfahrung über die Wurmtrockniß.   64

5) Jährliche Koſtenberechnung einer ſtädtiſchen Haushaltung des vornehmen Bürgerſtandes.   107

6) Von der Verbeſſerung des verſchlämmten Heues.   128

7) Vermiſchte Nachrichten.   134

8) Recenſionen.   143

Inhalt

des
zweyten Stücks.

1) Ueber das Erfrieren der Bäume im Winter 1788 und 1789.   Seite 161

2) Vergleichung der Vortheile des Gersten- und Haferbaues.   173

3) Ueber eine Art den Hafer zu pflanzen oder zu säen, von Duvivier.   178

4) Bemerkungen der Franzosen über die Getraidekrankheiten und über die dagegen anzuwendenden Mittel.   181

5) Des Oekonomierath Stumpf's landwirthschaftliche Reise aus Böhmen nach Sachsen im Jahre 1787.   226

6) Briefe des Grafen v. C... an den O. Rath Stumpf.   254

7) Unterthänigster Bericht von der Besichtigung des Gutes Dasdorf am 26. April 1784.   274

8) Recensionen.   295

Inhalt

des

dritten Stücks.

1) Beschreibung der Feldwirthschaft um Jena. Seite 321

2) Erfolg des Kartoffelbaues von Sablon und Grenelle im Gouvern. Dombes, aus einer Abhandlung von Herrn Parmentier, nebst dem Resultat von Erfahrungen von Hrn. von Chancey zu St. Didier. 345

3) Empfehlung des Erdartischockenbaues. 354

4) Benutzung der wilden Cichorie zur Futterung von Herrn Cretté de Palluel. 356

5) Erleichterung des Baues der rothen Feldrüben von Abbé Commerell. 360

6) Wirthschaftlicher Bericht über den ökonomischen Zustand des Ritterguts M... nebst dem neuerbaueten Vorwerke R... im A... E... an Ort und Stelle ausgearbeitet. 362

7) Ueber

Inhalt.

7) Ueber den Zweck meiner ökonomischen Briefe und über die Eigenschaften eines guten Landwirths. Dem Landkammerrath Löwe gewidmet. Seite 384

8) Ueber die Eigenschaften eines guten Landwirths und seiner Frau; von Herrn de Suticres. 398

9) Ueber die fehlerhafte Behandlung der Milch und Sahne vor dem Buttern und über die daraus entstehende schlechte Butter und die hohen Preise derselben. 407

10) Auszüge aus einem alten Lehrbuche der Landwirthschaft zur Erläuterung neuerer Journale dieser Wissenschaft. Von Karl Slevogt. 435

11) Recensionen. 441

den Verſuch angeſtellt, die Körner geſäet und den
ſchönſten Kohl davon erhalten.

Ohne gegen die Wunder der Natur den ungläu-
bigen Thomas zu ſpielen, noch ein Herold alter Mär-
chen zu werden, will ich dieſes dunkele Bruchſtück
durch folgende Stelle eines ökonomiſchen Graubarts
erläutern. Sie ſtehet in Salomo Gubertus
Stratagema oeconomicum oder Ackerſtudent ꝛc.
Riga 1645 in kl. 8. und lautet S. 90 folgender
maßen: „Mann ſaget: daß man auf Catharinen
Tag aus den Kohlgarten die übrigen verwelketen
Bletter ableſen, in ein Tuch einwickeln, Knie tieff
an einen Ohrt, der nicht zu naß, in die Erde vergraben, vnd auff Gregorii wieder auffgraben ſoll,
ſo werde mann Saat finden. Ich habe es verſucht
vnnd alſo befunden.“

IX. Nachrichten und

X. Verſuche einer Ausſaat im Garten auf den
Schnee ſchließen dieſes Quartalſtück.

Mannichfaltigkeit der Sachen und Intereße der
Auffſätze, für den gelehrten Oekonomen und Oekono-
mie-Genoßen machen dieſes Stück des landwirthſchaftlichen Magazins unterhaltend und lehrreich, und
wir wollen dieſer Zeitſchrift recht viele Leſer wünſchen,
damit der Eifer des Verlegers nicht erkalten und die
Fortſetzung des Werkchens nicht gehemmet werden
möge:

möge. Gemeinnütziger würde es werden, wenn in der Folge auf den ausübenden Landwirth aller Klaſſen mehr Rückſicht zu nehmen beliebet werden ſollte, und man hat gegründete Urſachen, dem lehrſamen Publiko die Realiſirung unſers Wunſches von den Bemühungen des Herausgebers vorläufig zuzuſichern.

www.ingramcontent.com/pod-product-compliance
Lightning Source LLC
Chambersburg PA
CBHW031324160426
43196CB00007B/655